大展好書　好書大展

品嘗好書　冠群可期

耶穌與佛陀

〈聖經 VS 佛經〉

劉 欣 如／編著

大展出版社有限公司
DAH-JAAN PUBLISHING CO., LTD.

目錄

1 緣起……七
2 非人與人　來歷不同……一〇
3 大道與因緣　基本有差別……一五
4 智慧來源　搞不清楚……一九
5 首次傳教　首批信徒……二八
6 初返家鄉　情景懸殊……三四
7 鬼靈等物　大同小異……四〇
8 人的來歷　所見不同……四五
9 天使無權力　業報來決定……五二
10 死與死後　記載不同……五七
11 治本之道　調伏心意……六一

12 天堂與涅槃　兩個不同處……………………六五
13 全能與不能　本領不相同……………………六九
14 馬不知臉長　都同聲指責……………………七三
15 難得風範　感人肺腑…………………………七七
16 兩種人世觀　非常不一樣……………………八一
17 誡命與戒律　有些會重疊……………………八五
18 邪淫休妻　統統不對…………………………九一
19 有種無緣難結果　遇到逆緣要超越…………九五
20 貪求無厭　愚痴透頂…………………………一〇二
21 無獨有偶　預言相似…………………………一〇六
22 罪的解說　大同小異…………………………一〇九
23 寡慾是福　適可而止…………………………一一二
24 逆向思考　不宜盲從…………………………一一六
25 隨機教化　不漏一人…………………………一一八

26　特殊因緣　值得原諒……………………一二三
27　兩人所見　南轅北轍……………………一二七
28　來去一樣　何分彼此……………………一三一
29　預言能耐　各有千秋……………………一三五
30　博愛慈悲　範疇不同……………………一三八
31　謙卑美德　兩人共識……………………一四二
32　他力自力　完全不同……………………一四七
33　有無權威　差別所在……………………一五二
34　因果雖沒錯　不是不會變………………一五九
35　傳教治病　界限分明……………………一六六
36　展現神通　動機各異……………………一七一
37　死後復活　不可思議……………………一七八
38　瞋怒要節制　為害不尋常………………一八二
39　上天堂條件　兩者不相同………………一八八

40 以德報怨 眞正偉大……一九三
41 饒恕美德 眞夠感人……二〇〇
42 信心對象 不盡相同……二〇七
43 最高成就 不是獨佔……二一二
44 布施定義 各有不同……二一六

1 緣起

我記得四十年前，家住新竹縣芎林鄉，正在一所小學教書，爲了學習英語，不時到當地天主堂親近一位法國籍穆神父；一天，從他手上第一次接過一部中文聖經，我拿回家只翻了幾頁，便擱在書桌上好長一段日子，等我送還給穆神父時實話實說，既沒有興緻讀它，也沒有任何心得……。

歲月悠悠經過了好幾年，直到我在台北讀大三那年開始，偶爾跟隨同寢室幾位朋友到附近一家基督教堂聆聽某位牧師講道，才又聽到幾句聖經的話，其實也無法記憶、思考和細嚼經文的意義。

總之，直到我下決心要寫作這本書以前，有過好長的日子都不曾讀過，甚至摸過基督教的聖經了。當然，我也不清楚耶穌怎樣傳教？怎麼揹起十字架等許多曲折神奇的故事。唉！說來也不好意思。

但是，我僑居洛杉磯十多年，研讀佛書之餘，因緣際會經常接觸基督徒朋友，包括美國白人、墨西哥人、日本人和台灣鄉親們，其間難免談起自己的信仰意見，結果讓我又有機會聽到聖經的話，尤其，我搬來哈崗這棟退休公寓，認識一位既是虔誠基督徒，又是新竹縣關西鎮的客家鄉親，蒙他屢次親切來催促我參加團契，深深地引發我想要比較聖經與佛經，耶穌與佛陀的領悟心得。於是，在他好心的指引下，我就認眞選讀新約聖經的馬太、馬可，路加和約翰等四篇，以這些爲基調和根據，逐句逐段，反覆精讀若干遍，總算有比較淸晰的理解；於是，我就大膽朝向擬訂的目標動筆，幾週來覺得蠻有意思。

但我要鄭重地說，這可不是什麼學術研究，或比較宗教學之類的嚴肅文章，更不必麻煩基督徒的讀者們去反駁或爭辯，充其量是我個人的讀經（聖經與佛經）心得和報告。

其間，我也忍不住吐露自己對兩位宗教家的讚嘆；也許我對佛經的體悟比較深邃，涉獵的範圍也比較多些，自然有更豐富的內容；再者，佛經數量本來就比聖經龐雜，但是，我仍以謹愼和敬畏的心情，做分析比較，由於我不是基督徒，也不以爲耶穌的福音就是人生的道路和眞理，這一點希望讀者們體諒。

說眞的，耶穌與佛陀都是歷史上兩位巨人，他們一生的事業和教誡也是人類生活的重要指引，重點敘述與客觀比較無疑是很有趣的事；對於學佛的人來說，應該有不尋常的啓發，對我自己更是很好的反省與整理。

總之，發心寫這本書的動機只有這些……。

最後，我很感激同棟公寓那位基督徒鄰居的羅姓客家鄉親，除了善意提供一本新的聖經，也不時親切地問我：「有什麼問題嗎？」這樣才讓我順利完成這本書。

劉欣如寫於洛杉磯
美國佛教弘法中心

2　非人與人，來歷不同

聖經『新約』的馬太福音開宗明義耶穌基督的家譜，他是大衛的後代，而大衛是亞伯拉罕的後代，接著明白描述各代的嫡傳，到了基督降生是十四代。這是父系的血統淵源，交待很清楚，但提到他的母親瑪利亞時就完全離譜了；乍讀下、讓人納悶之餘、忍不住十分驚訝。

請看「耶穌基督的誕生」有一段話說：

「他（耶穌）的母親瑪利亞已經跟約瑟訂了婚，但是在成婚以前，瑪利亞知道自己已經由聖靈懷了孕。她的未婚夫約瑟爲人正直，但又不願意公開羞恥她，卻有意要秘密解除婚約。他正在思考這事的時候，主的天使在夢中向他顯現，說：『大衛的後代約瑟，別怕，儘管娶瑪利亞作妻子，因爲她是由聖靈懷孕的。她將要生一個兒子，你要給他取名叫耶穌，因爲他將拯救他的子民脫離他們的罪。』

約瑟醒過來，就照著主的天使所吩咐的去做，跟瑪利亞成婚，但是在她生孩子以前沒有跟她同房。孩子出生，約瑟就給他取名叫耶穌。」

路加福音也有一段「預告耶穌誕生」說：

「一個童女名叫瑪利亞，她已經跟大衛家族一個名叫約瑟的男子訂了婚。天使到她面前，說：「瑪利亞，不要害怕。因為上帝施恩給你。你要懷孕生一個兒子，要給他取名叫耶穌。他將成為偉大的人物，被稱為至高上帝的兒子……。」

瑪利亞對天使說：「我是一個還沒有出嫁的閨女，這樣的事怎能發生呢？」天使回答：「聖靈要降臨到你身上，上帝的權能要庇蔭你。因此，那將誕生的聖嬰要被稱為上帝的兒子。……」

還說生下來八天後，嬰兒行割禮的日子到了，就取名叫耶穌，這名字是他未成胎以前天使替他取的。

顯然，約瑟不是耶穌的眞正父親，當然沒有血緣關係，亦談不上養子或繼子；說得難聽一些，瑪利亞是一位未婚媽媽，耶穌的眞實父親只有她心裡明白，倘若所有基督徒否認，或漠視，甚至避而不談這一點，那麼，耶穌果然不是人類的父親生的，而是由「聖靈」的父親莫名其妙作法，才讓瑪利亞生出耶穌到人間，而且指定他將來要拯救子民脫罪。

因此，耶穌身上有一半不是流著人血，當然也不是完全人類，而是半神半人，或似神似人，跟普天下所有凡夫肉胎的人類有不一樣的來歷，和不一樣的七情六慾，而這對於重視理性和文化的現代人來說便無法接受了，遑論其他？凡是血肉之軀的動物，不論胎生也罷，卵生也罷，都經陰陽交配、精卵結合，始能成胎結孕，這是天經地義，一旦脫離這套公式，那什麼話也別說了。

以前如此，現在亦然，將來也絕對不會例外，那怕有一天到月球或火星也會依循這條生物定律繁衍人類的子子孫孫，誰若要否認或扭曲它，那肯定他（她）的頭腦是「秀豆」，或痴人夢話。

佛敎的敎祖稱爲「釋尊」，原稱是「釋迦牟尼」或「釋迦牟尼世尊」。他證道以前名叫悉達多・喬達摩。他出身印度的釋迦族。據說釋迦族的祖先屬於太陽神的氏族，領土在恆河支流的洛希尼河一帶。釋尊的父親叫做淨飯王，母親叫做摩耶夫人，而她出身鄰國的柯利亞族。

釋尊出生於紀元前六世紀或五世紀左右。依照南傳佛敎說，他的誕生曰爲太陽曆四月中旬到五月中旬；而北傳佛敎，如中、日、韓等地則定在四月八日爲釋尊生日。

摩耶夫人將要分娩之前，依照習俗要回娘家去待產，不料，她到途中的藍毘尼園略作休憩時，突然在無憂樹下產子了，太子回宮後，命名爲悉達多。摩耶夫人分娩以後第七天便不幸去世了。太子便由姨母摩訶波闍波提撫育成人。

總之，悉達多跟耶穌的最大不同是，前者有詳實姓名，有根有據的父母，而且都是凡夫人類，十月懷胎；耶穌就不一樣了，且所有基督徒都默認這項來歷，顯然跟學佛的人，有極端懸殊的思考角度和信仰心態，至少佛教從不會對佛陀的來歷放在超世俗的領域……。

當然，也有些佛陀傳的作者喜歡加油添醋，硬說摩耶夫人正想伸手折斷無憂樹的樹枝時，剎那間，孩子就從她的右脇生下來。

依照當時的想法，像釋尊這樣偉大的人物，不應該經由女性的生殖器官生下。話雖如此，但也的確是非同小可的分娩。因爲摩耶夫人在尚未到達娘家以前分娩，似乎比預產期早些，況且途中的設備談不上，也可能屬於難產，才會使摩耶夫人分娩後七天去世。

還有些作者更得意洋洋寫著，王子落地後，就會走路七步，高唱著：「天上地上唯我獨尊。」當然，這也是神話部份，正信佛教徒縱使不會嗤之以鼻，但都不會採信。因爲大家由衷地相信釋尊生下來是有血有肉，平平凡凡的釋迦族王子，除此以外都是多餘的，不值一談。

例如有人說，摩耶夫人在分娩前某天晚上做了一個奇怪的夢，她夢見一隻白象從天而降，從她的右脇進入胎內。摩耶夫人次日把夢境透露出來，淨飯王立刻向占卜師，判斷夢狀，占卜師們說會快有王子啦……。

總之，耶穌的父親是來歷曖昧的「聖靈」，而不是人間俗子，只有母親瑪利亞才是正常女性；反之，釋尊的父親是釋迦族的淨飯王和母親摩耶夫人都是歷史記載的人物，完全可靠。

由此引申，耶穌與釋尊身上流的血液也有很大的不同哩！

3 大道與因緣，基本有差別

宇宙被造以前，道已經存在。道與上帝同在；道是上帝。在太初，道就與上帝同在。上帝藉著它創造萬有；在整個創造中，沒有一樣不是藉著他創造的。道就是生命的根源……（約翰福音第一章第一四五頁）

這句話的「道」，彷彿佛教的「因緣」，但是，因緣可不是佛陀創造的，也不是由誰或任何造物主創造的，而是無始無終、無來無去，早在佛陀尚未出世以前便已經存在了，同時，也不會隨著佛陀的圓寂而消失。依佛陀看來，宇宙也是因緣和合而成，天地萬象也不離這項因緣和合的法則，而絕對不是由誰創造的，那麼，生命的根源亦不例外，全都是因緣和合的現象。

那麼，因緣又是什麼呢？簡單地說，「因」就是指某種引生結果的直接與內在原因；「緣」是指由外來相助的間接原因。依據佛陀的解釋，一切萬有皆由因緣之聚散而生滅，這叫做「因緣生」或「緣起」。因此，由因緣生滅的一切法，叫做因緣生滅法。那麼，由因與緣和合而生出的結果，叫做因緣和合。由此可見，一切萬有都係這樣產生，缺乏自性，這叫做「因緣即空」的道理，其實，這也是宇宙的絕對眞理，而不只是佛教徒相信而已，舉凡所有種族、性別、年齡、階級的人都應該相信不疑。除此以外，沒有其它眞理可言。爲了進一步詳述因緣和合的現象，不妨列舉兩則佛經故事，可讓大家理性地思考。

㈠、『**佛說老女人經**』——某年，釋尊住在古墮舍羅。一天，一位老婦手持拐杖慢慢走到釋尊的住處來。她一面以臉著地，朝著釋尊禮敬，一面憂愁地問說：

「人從哪裡來，又走向哪兒去呢？衰老從哪裡來，走向哪裡去呢？病從哪裡產生，又消失到哪裡呢？其它眼、耳、鼻、舌、身、意等六根，以及地、水、火、風、空等五大，全都來自哪裡？又往哪裡去呢？」

「你問的法門非常深妙，但是，生既無來處，也沒有去向。其它老、病、死，以及眼、耳、鼻、舌、身、意、地、水、火、風、空等，也全都沒有來處，更無去向，萬法皆是如此。

譬如兩棵樹互相磨擦生火，燃燒著木頭，等到木頭燒完，全都像火熄一樣了。老太太，你想這把火從哪裡來呢？又去哪裡了呢？」

「由於樹木互相和合或磨擦的因緣，才會起火……所以，因緣離散時，火也就消失了。」老太婆回答。

「沒錯，因為宇宙萬象全都由於因緣才能成立，所以，一旦因緣離散，也就全部消滅了。萬物景象既無來處，亦無去處，理由也相同。

譬如鼓上有皮，有人敲打鼓上的皮，才會發出聲音。所以，皮、人的手和敲打等三種因緣相合才生出聲音，而聲音屬於空，沒有實體。這不是皮會發音，也不是人的手會發音，聲音本身就是空的特性。

譬如雲會引黑影成雨，同樣地，雨也不是從龍體出來，諸般景象亦無來去的所在。譬如畫家先得張開畫布，再用各種顏色任意作畫，畫，倒不是從畫布產生的，也不是來自畫家的手，而是依據他自己的意思造成的。同樣地，生死也是依據各自所造之行，而產生起滅的結果。就像罪禍伴隨著地獄的生死，善業也伴隨著天上人間的生死。」

釋尊列舉各種例子來為老太婆說明萬象皆出自因緣，而不是由誰來決定或製造的。老太婆聽了總算解除了多年的疑惑，就高興地告別釋尊回家了。

㈡、**『中阿含經』第十六**——有一個漢子擅吹海螺貝，某地居民未曾聽過這種聲音，也不曾目睹過海螺是什麼東西。一天，這個漢子來到該地方，趁著黑夜，爬到山頂上吹起海螺貝來。居民們乍聞此聲，卻不知是什麼聲音？大家紛紛打聽。

「這個聲音眞怪，但是，聲音實在可愛，我們何不去找尋它的來源呢？」

於是他們紛紛走向發聲的方位。不久，果然看見一個吹海螺貝的漢子，都忍不住問他，說：

「我們都聽到山頂上傳來不可思議的妙聲，不知那是什麼聲音？」

只見對方把手上的海螺貝往地上一摔，答道：

「你們看，就是這個東西發出聲音呀！」

群衆如醉如痴地看著它，猛叫：

「海螺貝！快發聲呀！讓大家聽聽吧！」

眞奇怪，吹海螺貝的漢子目睹他們如此，便撿起那個海螺貝，用水洗乾淨，再放在嘴邊一吹，朗朗的音律從海螺貝發出來了。大家看了都十分驚嘆地說：

「眞奇怪，用手指、水、嘴巴、灌進一些風，便能發出這樣好聽的聲音。」

可知凡事要靠因緣成熟，或條件俱足才能成功，缺少一件也不成。譬如，天上黑雲密布、雷聲隆隆，看樣子馬上要下雨，誰知不久便散掉黑雲，不但無雨，反見萬里晴空，推究原因，也許溫度不足，風力或氣壓欠缺……等，才不見雨下。

4 智慧來源，搞不清楚

路加福音說，耶穌大約三十歲開始傳道，按照常理說，要向大衆宣傳自己的理念，且終身做這項事業的話，一定要有相當嚴格的準備訓練。換句話說，那套知識教育或理念來源一定有跡可尋，或自學，或得明師指點，在私塾或在圖書室等總得說明一番，但從新約前幾章耶穌傳記中看不到這一切，只有幾句很籠統、很模糊的話，彷彿青蜓點水般交待一下。例如：

㈠、「……耶穌受了洗，一從水裡出來，天爲他開了；他看見上帝的靈好像鴿子降下來，落在他身上。接著，從天上有聲音說：『這是我親的兒子，我喜愛他。』

接著，耶穌被聖靈帶到曠野去，受魔鬼試探。……最後魔鬼帶耶穌上了一座很高的山，把世上萬國和它們的榮華都給他看……魔鬼都離開了耶穌，天使就來伺候他。」

（馬太福音第三章第五頁）

㈡、耶穌從約旦河回來，充滿著聖靈。聖靈領他到曠野，在那裡四十天之久，受魔鬼試探。那些日子，他什麼東西都沒有吃，日期一過，他餓了。

魔鬼對他說：「如果你是上帝的兒子，命令這塊石頭變成麵包吧！」

耶穌回答：「聖經說：『人的生存不僅是靠食物。』」

魔鬼又帶他到一個很高的地方，轉眼之間讓他看見了天下萬國，對他說：「如果你向我下拜，我就把這一切權柄和財富都給你，因爲這一切都已交給了我，我願意給誰就給誰。」

耶穌說：「聖經說：『要拜主——你的上帝，只要敬奉祂！』」

魔鬼又帶耶穌到耶路撒冷，讓他站在聖殿上的最高處，對他說：「如果你是上帝的兒子，就從這裡跳下去！因爲聖經說：『上帝要吩咐他的天使保護你！』又說：『他們要用手托住你，使你的腳不致在石頭上碰傷。』」

耶穌回答：「聖經說：『不可試探主——你的上帝。』」

魔鬼用盡各樣的試探，就暫時離開耶穌。（路加福音第四章第七頁）

魔鬼一再試探耶穌的信心與勇氣，最後都被耶穌駁斥，等於修道過程最嚴苛的考驗，之後才能到處傳福音。

㈢、有人說：「這個人（耶穌）沒有受過教育，怎麼會有這樣淵博的學問呢？」

耶穌說：「我所教導的，不是我自己的，而是出於那位差我的。一個人如果決心要實行上帝的旨意，就會曉得我的教訓是出於上帝的旨意呢？還是憑著我自己講的。那憑著自己講的，是想尋求自己的榮耀，但是那尋求差他來那位的榮耀的，才是眞實無僞的……」（約翰福音第七篇第一五七頁）

由此看來，耶穌的本事是聖靈賜予的，魔鬼考驗他的經過也不太詳細，反正耶穌後來爲什麼能說出那麼多道理，誰也不清楚。別說他在三十歲以前的生涯沒有資料可讀，連最重要那段理念來源也讓讀者納悶，因爲做爲一位終身傳道者應有一番非同小可的思想或心路歷程，而不可能忽然從一個默默無聞者躍身爲舉世聞名的演講家和宗教家啊！

反觀釋尊在這方面的描寫卻十分生動，亦很合常情。凡事有果必有因與緣，而這是宇宙存在和人生的眞理，釋尊從悉達多王子變成世間的導師，當然有非比尋常的因緣，而絕對不可能上天賜予或無中生有的。因此，釋尊證悟成佛的過程必須概略敘述一番。

釋尊三十五歲開悟成佛，在這以前，有些事必須要說明。首先，王子幼時喪母，對他少年期的人格成長有微妙的影響。他常會離開家人和少年伙伴，到寂靜地方沈思觀察。他生性仁慈，多愁善感。父王要使兒子心情輕鬆，不惜讓他享受最奢侈的生活，但終究無效，反使他更加憂鬱了。

著名的「四門出遊」說明他自幼對人生有不尋常的省思。因爲幼年的他出宮遊玩途中碰到形狀衰弱的老人，痛苦的病情，和死人出殯，之後又碰到一位求道者，結果啓發了他敏銳細膩的感懷，和出家動機。

他看到蟲死會怦然心動，聯想到人類的命運，一切生物難逃老、病、死的定律，對於生命感受，使他有同樣的恐怖。這種生存痛苦又會無限輪迴，永遠繼續的。

不論有多幸福、美麗和富裕的人，一旦死了什麼也沒有。縱使百戰百勝而成了世界帝王，有一天也會自然死去。那麼，人應該怎樣克服死亡的恐怖？這是年輕王子面臨和思索的大問題，也使他寧願放掉現有的生活享受，也要去追求解答。於是，他出家求道去了。

再說他出家之前，曾經娶妻耶輸陀羅，也生下一個兒子叫做羅睺羅。但是，他爲了追求自己遠大目標，乃不惜拋妻棄子，斬斷情絲。

出家動機裡有一點不可忽視的是，當時的社會習俗。因爲古代印度社會對出家人司空見慣，不足爲奇。他們習慣把人生劃分爲四期——學生期、住家期、林棲期和遊行期，這是印度婆羅門對人生的理想規劃，現實上倒不一定依照這個順序。於是，悉達多王子決心去出家遊化……。

起初，他去向兩位全印度最馳名的宗教家——阿羅羅與鬱陀羅學習禪定，結果很快學會「無所有處」和「非想非非想處」的境界，但仍不能滿足他的慾望，因爲他以爲這樣不能究竟解脫，不能得到永遠福樂的涅槃，只好失望地離去。於是，他想靠自己開悟，嘗試用斷食等一切苦行方式，地點就在王舍城以西的尼連禪河邊。

苦行與禪定是印度人最常用的修行方法。據說耆那教領袖尼乾陀就在劇烈的苦行下開悟。悉達多苦行變成皮包骨，雙眼下陷、皮膚黝黑，只剩下一副骨架了。這樣苦行六年，不論身體怎樣被折磨，內心始終不能平靜，當然也一直不能開悟。反因身體太衰弱，影響精神更嚴重了，於是，他決心放棄苦行，走入尼連禪河裡洗掉身上的污穢，結果爬上來也虛弱得走不動。幸蒙一名少女捧上一碗乳粥給他喝，才使他恢復生命力。他坐在一棵樹下冥想，而後人稱他開悟這個地方爲佛陀伽耶，那棵樹爲菩提樹。

傳說他在樹下禪坐快要成道時，有個叫波旬的惡魔前來威脅恐嚇，企圖阻止他。例如，惡魔對悉達多說：

「看你骨瘦如柴，臉色壞透了，這樣下去必死無疑，何必這樣認眞嘛，還是想辦法活下去吧。只要留得老命在，什麼善事也能做，活下去吧！」

悉達多王子回答：

「你勸我那些常識性的道德完全無效。你還是對那些普通人去講吧！因爲我有信心、努力和意志。我不惜性命，你又何必來擔心我的生命呢？血乾枯的話，難道連膽汁和痰也會乾枯嗎？如果沒有肉，心會愈來愈澄清。此外，我的意識、智慧和禪定也會慢慢確立起來。你的第一軍是慾望、第二軍是嫌惡、第三軍是飢餓、第四軍是愛著、第五軍是憂愁與睡眠、第六軍是恐怖、第七軍是疑惑、第八軍是僞善與強情。還有追求利益、名聲與尊敬時，自傲而輕視別人也是你的軍勢，殊不知一般人都難能抵抗這些，我可一定要打個勝仗讓你瞧瞧。與其戰敗偸生，我寧願奮戰至死。誰都不能擊敗你的軍隊，我卻能用睿智粉碎它。我要自在調御思惟、確立信心，周遊列國，敎化衆生……凡能實踐我的敎諭者，都不是怠惰的人，專心於眞理，才能達到無憂無欲的境地。」

惡魔說：「我跟蹤了你七年，，始終無懈可擊。」

那個意氣消沈的惡魔從此消失了。

以上栩栩如生描述悉達多在菩提下內心掙扎的經過，可知他的決心、毅力與睿智非比尋常。有些佛經也生動地記載他開悟的詳細階段。

他坐在菩提樹下直到深夜初更，就成就了第四禪定。他的心神統一時，就看到自己前世的生涯多得數不清。

他終於明白宇宙的成立與消滅，他知道這些生涯裡自己有過各種姓氏、經驗和每次的死亡。從這一生轉往那一生，繼續不停地旅行。

到了深夜第二更，他看見各個生存者都依據自己的業，歷盡生生死死。到了深夜第三更，他如實地悟到一切皆苦。在如此大徹大悟下，他的心始從慾的污穢、生存和無明的層層籠罩下得到解脫。這時候，他竟然生出智慧——「啊！自己終於解脫了。」他深信自己不再有生、苦、死等生存的輪迴了。至此，無明終於完全消滅，而生起無量無邊的智慧。這時的悉達多總算開悟成了覺者，據說時間在五月中旬。誠如『四分律』三二說：

「一切智無上，一切慾愛解。自然得解悟，云何從人學？我亦無有師，亦復無等侶。世間唯一佛，澹然常安穩。我是世無著，我是世間最。諸天及世人，無有與我等。」

釋尊是人間的正覺者，也是歷史的事實。他不在天上，因爲他是由凡夫證悟成了覺者，淨化人性而達到解脫，與大家一樣有生、老、病、死、飲食、起居，亦爲正常的父母所生。印順導師說得好：「釋尊有超越一般人的佛性，是正覺緣起法而解脫的……釋尊是人而佛，佛而人。」

釋尊自己也說：「我亦是人類」（增一阿含二六、六）。他不是神的兒子或使者，毫無聖靈的影子，完全以人身而實現解脫的聖人。宗教的眞諦不從外來，而是人類向上徹悟、體現眞理，才達到永恆的自在、清淨與安樂。所以，學佛的人稱他爲「人間佛陀」。

那麼，到底他證悟了什麼呢?竟能由凡夫而成了不同凡響的正覺者。說穿了就是「見緣起即見法，見法即見佛」。那也是俗話說的「十二緣起」。

這個意思是，老、死等痛苦的根本原因在「無明」，只要能消滅「無明」，就等於滅掉「痛苦」。且看十二緣起是，無明、行、識、名色、六入、觸、受、愛、取、有、生、老死。無明就是對人生眞相一無所知，才會苦惱不停。

緣起是由緣而起的意思，任何事物都依存其它事物而存在。譬如別人不存在，自己就可能存在。如無他人這個前提，就沒有這個結論。如無自己的存在，別人也不能存在。換句話說：「諸法因緣生，諸法因緣滅。」

雖說耶穌後來向世人說了不少福音，姑且不論好壞對錯，但依前文看來，也是聖靈跟他同在、形影不離，藉他之口說出來的。因爲我們實在看不出他既無求學求道的經歷，亦無同學明師的切磋指點，而不像釋尊這樣一步一步辛苦努力、曲曲折折，才圓滿證悟成佛，完全沒有上天幫忙，或神仙授予，這才是人類按步就班，追求理想而得到成功的典範，永遠值得學習。反之，耶穌那套本事就非凡夫俗子能夠學得到，因爲沒有聖靈會再來幫忙我們呀！

5　首次傳教，首批信徒

有一位約翰曾爲耶穌施洗，不久，約翰被關進監獄，迫使耶穌到加利利去，宣講上帝的福音。他說：「時機成熟了，上帝之國快實現了！你們要離棄罪惡，信從福音。」

耶穌沿著加利利湖邊走，看見兩個打魚的——西門和他的弟弟安得烈——在湖上撒網打魚。耶穌對他們說：「來跟從我！我要敎你們成爲得人的漁夫。」他們立刻丟下魚網，跟從了他。

再走不遠，耶穌看見西庇太的兒子雅各，和他的弟弟約翰；他們在船上整理魚網。耶穌一呼召他們，他們就把父親和僱工留在船上，跟從了耶穌。

（馬太福音第四章第六頁、馬可福音第一章第五六頁）

聖經上說，耶穌受洗後就有非凡的本事，馬上去加利利傳敎，而首先遇到四名漁夫，只聽那麼簡單一句話就跟從了他。可見四名漁夫的頭腦多麼單純，竟會這麼容易聽到陌生人一句話，不加思考對方何許人？動機如何？說來近乎奇蹟，不像在人間可能發生的情況。不說現代人不會接受這段情節，恐怕古代也很少人會認同這種經過吧!?

佛經上說，釋尊證悟後連續好幾星期都在各處坐禪，充分享受自己的解脫境界，這叫「自受法樂」。

在坐禪中，有一天，剛好有兩位商人經過，非常讚嘆釋尊的莊嚴法相，乃自動獻上食物。釋尊吃完後，就跟他們稍談一會兒。他們立刻拜倒在釋尊的腳下說道：

「先生，請允許我們做你的俗家信徒好嗎?我們要皈依佛法。」

這兩名商人正是世上最早的在家佛教徒。

釋尊以爲自己悟得的深奧妙理，不是一般人能夠輕易理解。所以，他想將它密藏於內心，不向世人說明。

『五分律』有一段話說：

「我所得法，甚深微妙，難解難見，寂寞無爲，智者所知，非愚所及。衆生樂著三界窟宅，集此諸業，何緣能悟十二因緣甚深微妙難見之法?又復息一切行，截斷諸流，盡思愛源，無餘泥洹，益復甚難!若我說者，徒自疲勞。」

據說這時候，梵天出來殷勤勸請釋尊向天下衆生說法了，釋尊才允爲人類宣揚眞理之音，以示自己所證的眞理不是個人所獨有，而是每個人都能證得到的。

首先，他想見當年的兩位禪定老師——阿羅羅和鬱陀羅，結果釋尊藉著超能力查知他們已經去世了。他們是卓越的宗教家，聽到自己的說法時，必能理解才對，可惜他們都沒有福報。

接著，釋尊想起當年修苦行時，曾經伺候過自己的五位修行人，應該先去度化他們。原來，他們都在鹿野苑苦修，遲遲不能開悟。對方目睹釋尊逐漸走近時，就暗地約好見面要叫他：「墮落的喬達摩」，且要叫他坐在旁邊。

誰知釋尊走到他們前面，五人震懾於釋尊的莊嚴，而忘了事先的默契，竟不約而同地叫說：「喬達摩先生」了。不料，釋尊反而說：

「你們不能這樣稱呼我，因爲我已經成就如來了。我已完成不死之身，只要你們肯聽我的敎諭，也一樣能在現世得到證悟和福樂。」

五位修行人疑惑地問道：

「你受不了苦行，怠惰修持，生活享受，怎能得悟呢？」

於是，釋尊向他們透露自己悟得的眞理——中道與四聖諦。這段經緯即是學佛的人耳熟能詳的「初轉法輪」。

釋尊開示他們說，世人習慣走進兩種極端，一種是拚命追求快樂，沈迷性愛或喝酒賭博等享受，另一種是滿肚子苦水，煩惱無窮，甚至去苦行。其實兩者都不能開悟。惟有捨棄極樂與極苦兩種極端，而選擇中道，才能使內心安定，得悟阿耨多羅三藐三菩提。這項中道就是八條正確的修行道路。譬如鑽火，如果澆以冷水，就沒有照破黑暗的功用；鑽取智慧火也一樣，如果澆以苦樂之水，就不能發出智慧之光，這一來，生死黑暗就滅不掉。所以，你們若要得悟，只有捨棄苦樂兩極端，依循八條正道去修持。

五名修行人乍聽後很感動，就欣然接受了。之後，釋尊才給他們講述八正道與四聖諦。

八正道是正見——對事物的正確看法，正思——正確的想法，正語——正確的言語，正業——正確的行爲，正命——正確的職業，正精進——正確的努力，正念——正確的反省，正定——正確的精神攝定。

只要不走極端、持續修行，便能進入涅槃。

四聖諦是——苦諦、集諦、滅諦和道諦。「以四諦相轉正法輪……一切世間諸天人等，先無有能如法轉者。」

苦諦：人生是苦的，除了生、老、病、死是基本的四苦以外，還有「愛別離苦」、「怨憎會苦」、「求不得苦」、「五陰盛苦」，共稱四苦八苦。大體上說，前四項屬於生命界的苦痛（生老病死），再來是自然界的苦痛（求不得苦），最後是社會界的苦痛（愛別離苦，怨憎會苦）。

集諦：諸般痛苦皆因渴愛而起。『中阿含經』：說「如果知苦本，謂現愛著心，未來受身慾，更求種種苦，愚而不能知」，苦的原因是慾，人有無限的慾望，得不到也想要，即使得到手也還想要更多，永遠無止境地慾求。

滅諦：消滅苦因（渴愛），就能消滅苦惱，才能進入涅槃，而涅槃意謂各種煩惱全部消滅以後的清爽與平靜狀態。誠如『雜阿含經』說：「貪慾永盡，瞋恚永盡，愚痴永盡，一切諸煩惱永盡，各爲涅槃。」

道諦：滅苦方法或途徑，就是八正道。佛經上說，八正道是向上，向解脫必經的正軌，有它的必然性，中道的德行，是不能與它相違反的，出家衆依此方向解脫，在家衆也不例外，可見八正道有多麼重要。

五人聽了都能領悟，也次第證得阿羅漢果。五人中有憍陳如、阿說式爲釋尊母系的親屬，其餘三人爲釋尊父親的親屬，五位比丘的譯名，諸經所舉互有出入，依

『四分律』說有：「憍陳如、婆提、摩訶摩男、婆敷、阿濕鼻。」當然，他們都成爲釋尊的首批出家徒弟了。

釋尊有一套眞正悟得的眞理讓人心悅誠服，才能使對方皈依，而這套眞理也非上天賜予，或奇特伎倆，而是實際生活的寶典，可見釋尊不會故弄玄虛，妖言惑衆，才能使聽衆也在理性下接受。

6 初返家鄉，情景懸殊

㈠、耶穌回到自己的家鄉。他在會堂裡教導人，聽見的人都很驚訝，說：「他哪裡得到這樣的智慧？他還行神跡呢！他不是那個木匠的兒子嗎？他的母親不是瑪利亞嗎？他的妹妹不都住在我們這裡嗎？他這一切究竟從哪裡來的呢？」於是他們厭棄他（耶穌）。

（馬太福音第十三章第二四頁）

㈡、耶穌來到拿撒勒——他長大的地方……他們說：「這個人不是約瑟的兒子嗎？」

耶穌告訴他們……聽見了這話，全會堂的人都怒氣塡胸。大家起來，把他拉到城外，帶他到山崖上，要把他推下去。耶穌卻從容地從人群中走出去。

（路加福音第四章第九八頁）

耶穌到外地宣傳福音，雖然有一群徒衆、頗受一部份人的信仰，但初次返回家鄉飽受冷落，甚至沒有立足之地，險些遭人迫害，而這跟佛陀初返家園邏毘衛國的盛況有天淵之別，其間的理由耐人尋味，依我看，釋尊證悟成佛是有跡可尋，一步一腳印，穩紮穩打，完全在現實上呈現無疑，一點兒也沒有奇蹟，才讓同胞們敬仰。反之，耶穌的能耐得自上帝賦予，縱使他親口說出上帝傳授的經緯，恐怕也很難讓家鄉人接受，而這就是缺乏見證的結局，難怪他的鄉親們不斷懷疑他的智慧了。

再看佛陀返鄉的情景——據說佛陀成道十二年才返國，之前，以淨飯王為首的釋迦族人，耳聞釋尊是一位成功的宗教家，在外國獲得一群弟子和信眾，馳名國際，都非常歡喜；同時，族人自幼看他長大，知道他婚後私自出宮去求道，後來成就超俗的如來，竟能在舉目無親的國外得到尊敬；顯然，他的成就不是蓋的，一定實至名歸，所以打從心底就沒有懷疑，且由衷地敬仰他。

起先，淨飯王很關心兒子，很想知道他以前享受慣了，怎能忍受這樣清苦的出家生活?於是，他問佛陀說：

「在出家前，你穿細毛編織的拖鞋，踩的是地氈，遮的是陽傘，而今你赤腳在烈日下走路，難道腳不疼嗎？」

「我已不再受慾望的束縛，自然沒有痛苦的感覺。」

淨飯王又問他：「你在宮中常用清涼的檀香水來沐浴，藉此消除疲勞，而今你疲倦時怎樣恢復精神呢？」

佛陀答說：「佛法彷彿一個匯聚各種香水的寶池，現在，我每天在這個潔淨池裡沐浴，怎麼會疲勞呢？」

「在王宮裡，你身披品質最好的衣服，現在穿著破舊的袍子，怎麼受得了呢？」淨飯王問。

「衣服是否美麗，飲食是否講究，都會隨心境在改變。只要心境好，任何衣服和飲食都一樣好。」佛陀答說。

「你以前睡柔軟床，而今你睡草地上，身體不酸痛嗎？」

「我早已擺脫慾望束縛，我的心境平和快樂，所以不管睡在哪裡都覺得安穩。」

「你在宮中有守衛保護，而今你在森林沒人侍候，不會害怕嗎？」

「我已經克服了恐懼心，就像森林中的獅子無所畏懼了。」

「如你不出家，整個世界會屬於你的。」

「現在我出了家，到處有弟子，整個世界也還是我的。」

聽了佛陀的話，淨飯王才感動地說：「你放棄了王位與富貴生活，而今你得到了眞理，總算一切努力沒有白費。」

但不久父王看到釋尊等徒衆沿門托鉢，便忍不住責備他，說：「你別這樣挨家向人討飯好不好？何不回到自己宮裡來吃飯呢？這樣不覺得難爲情嗎？」

釋尊平心靜氣回答說：「這是我們一向的做法，過去現在和未來都是一樣。」

淨飯王說：「我們尊貴的釋迦族，過去從沒有人幹過乞食這樣可恥的事情。」

釋尊慈悲地說：「大王，你說的是王統，而我說的不是這個，我現在是傳承過去諸佛的系統。像燃燈佛、憍陳如佛，乃至迦葉佛，這幾位佛和其他無量無邊的佛，都是用行乞敎化人民，也藉此維持自己的生命。」

釋尊說完後，又講些敎法給淨飯王聽，這一來，淨飯王才得到法眼清淨，消除了內心的忿怒，並將釋尊的鉢接過去，請釋尊和徒弟到王宮去接受供養。

釋尊等人在王宮用過膳後，依照父王的請求，偕同兩位上首弟子到妃子耶輸陀羅的寢宮去。因爲她不能像別人一樣來聽法，所以十分傷心。到了寢宮，耶輸陀羅急忙出來捉住佛陀的腳。把頭伏在腳指下哭泣，虔誠禮拜。

釋尊詳述彼此過去間的種種因緣，開導她要好好爲自己的前途珍重，不要沈溺在世間的慾樂中。天下沒有不散的筵席，一切都會成爲過去。耶輸陀羅聽了才使心緒平靜下來。

釋尊返國後第七天，又用種種方便教化他的兒子羅睺羅出家。但是，他當時年僅七歲，不能立刻成為比丘，便吩咐舍利弗傳授他沙彌十戒，成為僧團中第一個沙彌。這是釋尊慈悲特別開啓的大方便。

不料，淨飯王獲悉此事，就對釋尊說：

「你去出家後，宮中還有難陀可以繼承王位，而難陀現在又要跟你去出家，剩下羅睺羅為國脈所繫，你怎麼又來度他去出家呢？他出了家，這個國家將來交給誰呀？你為什麼不替國族前途想一想？」

釋尊聽了，除了安慰父王，同時保證今後誰要出家，一定要得到父母許可，否則不隨便剃度。

釋尊返國逗留期間，不時向大衆說法，引起很大轟動。不但王族的年輕人，如堂弟阿難、提婆達多、阿那律、摩訶那摩、跋提、金毘羅、劫賓那等人都跟著出家，連那個為王族剃頭的優波離也忍不住要出家，奈因自卑感作祟，不敢當時表白心跡，不久才被舍利弗發覺後得到釋尊允許，果然後來修得「持律第一」的讚嘆，在經律結集史上功不可沒。

依照經典所說，這次返國多了五十個人加入清淨僧團，可說初次返鄉的一大成就，也可見佛法在祖國發生巨大的影響和作用。

耶穌與佛陀各自第一次返鄉，鄉親們給予他們的待遇和評價差別懸殊，理由讓人玩味，影響層面大不相同，也讓讀者們不勝唏噓！

7 鬼靈等物，大同小異

㈠、傍晚的時候，有人帶了許多被鬼附身的人來見耶穌。耶穌只用了一句話就把鬼都趕走了，又治好了所有的病人。

（馬太福音第八章第十三頁）

㈡、耶穌遇見兩個從墓穴出來的人。他們被鬼附身、十分凶狠……鬼就央求耶穌：「如果你要趕我們出去，就打發我們進豬群裡面去吧。」耶穌說：「去吧！」鬼就出來，進入豬群……

（馬太福音第八章第十四頁）

㈢、邪靈離開了所附的人，走遍乾旱地區，尋找棲息的地方，都找不到……他又出去，帶回七個比他更邪惡的靈來，跟他住在一起。

（馬太福音第十二章第二一頁）

㈣、這時候，有一個污靈附身的人來到會堂……耶穌命令污靈：「住口，快從這人身上出來！」污靈使那人猛烈地抽瘋、大叫一聲，然後離開那人。

（馬可福音第一章第五七頁）

諸如此類的鬼、邪靈或污靈，在耶穌的經歷裡屢見不鮮，且都被耶穌降伏或趕走了。反觀佛經上也有邪魔、鬼神等名詞，當然，這些都是很抽象的存在，既不能物質化，也不能佔有空間，但都能影響到人類的精神，威脅到人們的幸福，所以不能等閒視之。

依據『灌頂經』卷六塚墓因緣四方神咒經，『大佛頂首楞嚴經』卷六記載，凡是人的精魂、鬼魅及五穀之精等，皆叫做精靈。它有所謂死靈、怨靈、惡靈、妖靈、幽靈之稱。佛教不認爲有實體存在的靈魂，但受到民俗信仰的影響，例如，盂蘭盆會等追悼亡靈，也可看作精靈祀祭之一。

鬼通常指死人的精魂；在世人想像中，鬼是具有恐怖形相，令人惱懼的怪物。大乘佛教常說餓鬼道，係被諸天驅使而常苦飢渴者。還有弊鬼、有威德鬼、無威德鬼、多財餓鬼、無財餓鬼等皆住在閻羅王界。

佛經上提到阿傍、羅刹、山精、雜魅等皆爲鬼神。另有兇暴的精靈、地獄的獄卒等也是鬼之一種。依據『俱舍論』卷八記載，鬼有胎生與化生二種……佛經裡，冠以「鬼」字的名相不少。例如，鬼類世界，叫做鬼趣；閻羅王的使者，叫做鬼使；陷於各種邪見，叫做鬼家、鬼家活計；凡鬼魅所造成之災難，叫做鬼難；若畜生道與餓鬼道合稱之，則叫鬼畜。

具有恐怖威力，能夠變化自在的怪物叫做鬼神。它分爲善、惡二種；若肯守護世間，或護持佛法者，例如，大梵天王、四天王、難陀龍王等，都叫做善鬼神，至於羅刹鬼爲惡鬼神。但是，佛教通常所說鬼神，係指乾達婆、夜叉、阿修羅、迦樓羅、緊那羅、摩睺羅伽等六部鬼神。

關於諸鬼的詳情，請讀以下的佛陀說話——

㈠、『**舊雜譬喻經**』**下**：一位和尚到遠地去，眼見夜幕低垂。進不了城，只好坐在城外的草叢上，等待天亮。夜深時，忽然出來一個惡鬼，恐嚇和尚說：「我來吃你啦！」

誰知和尚毫不畏懼，淡然回說：

「距離還遠得很，我才不怕呢！」

「我靠近你啦！你沒看見我嗎？」惡鬼威脅說。

「你要明白，當你吞下我時，我就轉生到天上界，而你那時已經下了地獄，怎麼樣？距離還遠得很吧！」

惡鬼聽了如夢初醒，匆匆離去。

㈡、『**雜寶藏經**』**卷第三**：有甲、乙兩位商業領袖，各自統率五百名部下。一天，他們帶領部下經過一座荒山，遇見一個夜叉鬼。對方化身一個美女，頭戴花形假簪，手持一把琴。只聽她說：

「諸位走累了吧？你們雖然攜帶水草，其實沒有用，不能解除飢渴，這兒附近有極佳的水草，我可以帶領你們去、大家放心跟我走吧！」

甲商聽了相信不疑，馬上摔掉手上的水草，跟她向前走。但乙商不聽話，始終珍惜手上的水草，也不跟她走。之後，甲商一見不是什麼水草，結果飢渴死在路上了，反觀乙商努力向前走，只照目標前進，安然達到目的地了。

㈢、『**舊雜譬喻經**』下：釋尊住在王舍城靈鷲山時說，一個和尚在山裡修行，一天，一個鬼化成無頭人身走前來。和尚看了忍不住說：

「不必擔心頭痛，還蠻不錯哩！因為眼睛看得見顏色，耳朵聽得見聲音，鼻孔聞得到香氣，嘴巴知味道。你沒有頭，倒令人羨慕。」

一會兒，鬼走開了。但又化身無體的人，只有手腳而已，出現到和尚面前了。和尚說：

「無身的人不知痛癢，又沒有五臟，不知病為何物？實在令人羨慕。」

一會兒，鬼又走開了，但他又化身沒有手腳的人，三次出現在和尚面前，只聽和尚說：

「因爲沒有手腳，才不會去拿人財物，不能幹歹事，才是最要緊的。」

這時鬼又說話：「和尚一心守持，對任何事物不會動心。」

說完話後，鬼就變成端莊漢子向和尚禮敬後離去。

㈣、『**雜寶藏經**』**卷第三**：釋尊在舍衛國祇園精舍時說，一位巨商名叫不識恩，住在波羅椋國。一次，他率領五百名商人出家尋寶，回程突然遇到一個食人鬼，逮住了船隻。這時，全船的商人都害怕，呼天喊地，但又無可奈何。不久，他們異口同聲向天神、地神和日月諸神等，央求他們大發慈悲，快來救命。這時有一隻大烏龜現出水面，烏龜背的寬約八十尺。

起初，大家以爲這是一塊陸地，因爲背殼硬得很。幸好烏龜有慈悲心，眼見這條船受制於食人鬼，進退不得，便下決心要救出他們。於是，牠先讓商人們坐在自己背上，平安地在海上航行了……。

總之，聖經與佛經上都出現這些非肉體的精神物，不論怎樣予以解說，都不能否認它們對人類生活有非同小可的影響力。由此引申，所有宗教都不能缺少這些非物質性的東西，恐怕只有飛禽走獸，或昆蟲魚蛙的生活可以避免吧!?

8　人的來歷，所見不同

人的肉身是由父母生的，他的靈性是由聖靈生的……風隨意吹動，你聽見它的聲音，卻不知它從哪裡來，往哪裡去。凡從聖靈生的，也都是這樣。

（約翰福音第三章第一四九頁）

耶穌以爲人身來自父母的精子與卵子結合，但靈魂是神給的，因爲物質不能產生精神，只有萬能之神才能給予，這跟佛陀的教法大異其趣。佛教徒耳熟能詳，人的生命來自因緣和合，例如，肉體即是地、水、火、風等物質的因緣和合而成，至於精神卻來自神識，它就是輪迴的主體，而識有眼、耳、鼻、舌、身、意、末那和阿賴耶識；其中，阿賴耶識爲諸法之本，也是宇宙萬有的根本，它包含藏萬有，使之存而不失，故叫做種子識。

依據『雜阿含經』說，阿賴耶識可解作愛著或貪愛，屬於眞妄和合之識，又有人稱它爲我愛執藏。

依據『大乘起信論』所說，阿賴耶識含有根本無明在內，故使阿賴耶識起動妄念，以至認識對象而生起執著心，它的相狀有業識、轉識、現識、智識和相續識等。

由此看來，阿賴耶識無異生命的精神體，也是苦惱的泉源，只有徹底領悟因緣法，不執迷於生、證入涅槃，才能解脫輪迴，不再生生死死。最後就是「既無來處，亦無去向」；乍見下，彷佛跟耶穌所說的靈性一樣，其實不相同；冷靜三思，自然不難悟解兩者的差異。

請讀『大寶積經』七十二的一則教喻，可以得到悟解，大意如下——

某年，釋尊住在迦毘羅國的尼俱陀叢林。有八千名外道想要提出難題折磨釋尊等人，語氣極苛薄地向釋尊說：

「瞿曇：我們乍聞你的法門，竟是前所未有，讓我們不高興。所以，我們既不相信，也不佩服你。現在，我們有些疑問，不知你能解答嗎？」

「諸位問我之前，我要先問你們，你們可能回答我？」釋尊反問他們了。

「我們當然能夠回答。」

「好，那麼，請你們回答人類寄寓於母體是怎麼回事？」

「各種書上都說，三種因緣和合，人類才能寄寓在娘胎裡。就是父母互相親近，產生貪愛（五慾中的貪戀執著）、思念情慾，以至付諸行動。待這三事和合安當，才進娘胎。」

「那麼，父母思念情慾，貪愛是出於母心嗎？」

「不是。」

「那是出自父親的心嗎？」

「不是。」

「那麼，是否待天上的業報結束，才進入娘胎裡嗎？」

「也不是，」

「從地獄裡來的？」

「不是，」

「來自畜生界嗎？」

「不是。」

「難道從餓鬼道進入娘胎嗎？」

「不是。」

「難道是非色之物進入娘胎裡？」

「我們不懂這些問題。」外道們回答。

釋尊說：「你們當然不會明白，因為你們的程度尚淺，你們有眼無珠，才看不見正確的事情。長期間，你們始終被邪見迷惑，視非法為善法，妄信非解脫為解脫。你們被盲師牽著走，一直往邪道前進。……那麼，讓我告訴你們受胎的法門好了。

母親是過去作業之緣，父親是過去作業之因。在過去世，善惡行為構成因緣和合，業之所在，便於娘胎內住宿，逐漸增長起來。換句話說，過去的業似乎分別事物的道理，形成識依之際，取名為入胎。這個識在娘胎內日漸成長，以至出胎，而後會逐年成長。所謂過去世的行為，常常隨著本人寸步不離。

如果有人結束地獄的業，而後出生人世間，他（她）的聲音會像驢子般嘶叫，帶著恐怖感、戰戰兢兢，夢裡常見火焰、熱開水，或被人拿著拐杖追趕，或像身體被人用鏟子刺傷，反正惡夢不停。

若有人愚笨、怠惰、貪吃、愛吃泥土、生性懦弱、不乾脆，只會親近或結交笨人，喜愛黑暗地方。有時夢見身上都是泥土，或待在田邊吃草，甚至夢見白蛇纏身，苦不堪言，這些正是來自畜生界，投生人間界的証據。

若有人身上多毛，頭髮呈黃色，眼珠赤紅，常帶怒氣，總愛直瞪著別人、生性吝嗇、自己總愛多吃、而不予別人吃、見財起盜心，而後去偷竊，即使拿到很少東西，也會喜不自禁。嫉妒心頗強，看見別人資產豐富，就心有不甘，看見路上遺失果實或五穀，就會起貪心，要伸手去撿。諸如這些心態與表現，全是從餓鬼道投生人間的証據。

你們聽著！誰若態度傲慢，任意輕蔑別人，動不動就發脾氣，爭強好鬥，自以爲力氣大，牙齒長如狗牙，面相猙獰，喜歡撥弄是非，破壞別人，這都是從阿修羅道投生人間界者也。

有人天生賢明誠懇，親近好人、非難歹徒、忠信厚道，一心追求名望與榮耀，又肯尊重智慧，頗有羞恥心、慚愧心、菩薩心腸、懂得恩義、樂施好喜、知曉長幼有序、懂得去判斷得失、凡事有分寸，這都是從地獄界重返人間界生活的人。

有人容貌端莊，希望一切清淨，喜戴製飾品或薰香氣，身上也愛塗香、喜歡音樂、歌舞、愛交高僧大德、不跟賤民爲友，喜歡殿堂寢室、說話高雅柔和，讓對方聽了生起歡喜心，也會笑口常開，這些人都來自天上界者也。

諸位外道呀！誰若想要天上界的更生相，就得去親近良師，皈依他的說法。

凡從地獄來到人間者，他們下地獄之前，生做人身時，因爲作惡太多，心懷憤怒，殺生不得，就受制於自造諸惡業而下地獄了。他們即使投生人間，他仍有前生惡業的習性。倘若自己明白這種相，領悟自己來自地獄時，一定要努力斷絕自己上輩子做惡的因緣，那就有必要聽從良師教誨，因爲良師能替他消除瞋業，說明慈悲之道。

凡來自畜生界的人，由於長期住在畜生界，即使出生做人，也因爲習慣使然，保留些畜生的行法。那麼，他要覺悟自己上輩子所以當畜生，係愚痴使然，故今生惟有依靠明師，恭聽十二因緣法，才能消除愚痴。至於來自餓鬼界的人，係因上輩子吝嗇使然，故得依靠明師，消除自己的惡業，學習施福法門。

來自阿修羅界者，雖然上輩子有不少善根，奈因內心太傲慢，造下各種業才會出生到那裡，而今來到人間也因爲慢性太強，故得徹底反省自己的缺點，跟從明師學習空的法門，消去內心的傲慢。

至於前輩子做人，今生也來人間，那係他們前輩子修持十善。他們好好回憶之餘，也該親近良師，領悟生死迷患的知識和涅槃之樂。乍聞六波羅蜜之法，也會生起無上大道的追求心。

來自天上界者，因為前輩子修過布施、持戒等清淨行才能升天，由於習慣天上生活，今生也該持續清淨行。」

釋尊詳盡地說完入胎法門，才使一群外道心服之餘，起了極大的恭敬心，於是紛紛起立向釋尊膜拜了。他們異口同聲用歌詞讚嘆佛陀的功德，以及深妙之理，也在佛前發誓今後要宣揚這段入胎法門了。

可見佛陀對於各種人的來龍去脈，三世因果有十分詳實的說明，遠比耶穌的見解更能讓人接受。

9 天使無權力，業報來決定

從前有一個財主，每天穿著華麗的衣服，過著極爲奢侈的生活。同時有一個討飯的，名叫拉撒路；他渾身生瘡，常常被帶到財主家的門口，希望撿些財主桌子上掉下來的東西充飢，連狗也來舔他的瘡。

後來這窮人死了，天使把他帶到亞拍拉罕身邊，在天上享受盛筵；財主也死了，並且埋葬了。財主在陰間痛苦極了；他抬頭瞧見亞伯拉罕在遙遠的地方，又看見拉撒路在他身邊，就呼叫說：「我的祖宗亞伯拉罕啊！可憐我吧！請打發拉撒路，用指尖蘸點水來涼涼我的舌頭吧！因爲我在這火燄裡，非常痛苦！」

可是，亞伯拉罕說：「孩子啊！你該記得你生前享盡了福，可是拉撒路從來沒有好日子過；現在他在這裡得著安慰，你反而在痛苦中。而且，在你我之間有深淵隔開，人要從這邊到你們那邊去是不可能的，要從你們那邊到我這邊來也不可能。」財主說：「祖宗啊！既然這樣，求你打發拉撒路到我父親家去；我有五個兄弟，讓他去警告他們，免得他們也到這痛苦的地方來。」

（路加福音第十六章第一二六頁）

耶穌的意思很明顯，凡是生前的窮人在死後都能在天上享樂，以彌補他（她）生前的損失；反之，生前的富人死後都會受苦，兩者的狀況完全顛倒，而且死後也不可能改變。依佛陀看來，兩種情況不會完全絕對，而是有條件的。換句話說，如果窮人生前仍然幹歹事、無惡不作，一旦死了，也照樣會受苦，承受死前的惡報，所以不可能無條件得到享樂！反之，富人生前活得很享受，如果不加節制，待福報享盡，下輩子就沒了；倘若他（她）在享受之餘，仍能布施行善，死後也照樣有善果可得，而不會受苦。

所以，富人生前在享受前生的福報之餘，務必要惜福，懂得再種善因，或再造福田，死後才能再得到享受。反之，窮人在生前雖然苦不堪言，三餐不繼，但也不是絕對沒有布施行善的機會，而是「不為也，非不能也」，例如，古代武訓做乞丐照樣能興辦學校，就是最好的典範；姑且不提這個極端的例子，不妨從小人物情形來看，行善布施不在物質多少，而看他（她）有多少心意，或慈悲喜捨的份量如何。例如路加福音第二十章第一三四頁有一段話：

耶穌抬頭觀看，看見一些有錢人把他們的捐款投進聖殿的奉獻箱裡。他又看見一個窮寡婦投了兩個小銅板。於是他說：「我告訴你們，這個窮寡婦所奉獻的比其他的人都多。因為別人是從他們的財富中捐出有餘的；可是她已經很窮，卻把自己全部的生活費用都獻上了。」

還有『阿闍世王授法經』有一則佛陀的說話也可作見證，大意如下──

原來阿闍世王在宮裡供養釋尊，飯後，釋尊回到靈鷲山。國王即召見耆婆說：「今天我請世尊到宮裡來供養，不知再來要供養什麼？」

「供養光明燈好了。」

國王採納耆婆的意見，準備了百石麻油，放在車上，送往釋尊的精舍去。

且說王舍城有一位窮苦的老太婆，雖然一直想要供養佛陀，奈因貧苦無依，始終不能如願，而今在路上目睹國王載滿麻油送往精舍，也激發了她的供養心。於是，她靈機一動，便向來往的路人求乞，好不容易乞得一文錢，她便去油店買油。油店老板問她，何不用這筆錢買些食物呢？她表明了心跡，老板很感動，便多給了她一倍的油。

她送到釋尊那裡供養後離去了。

夜裡，國王點的油燈裡，有些油盡燈熄，有些被風吹滅了，反見老太婆那盞燈一直在亮著。

次晨，釋尊吩咐目連去熄燈，他將一盞一盞的油燈熄滅，卻怎麼也熄不滅老太婆那盞燈。目連便運用神通，發起陣陣強風，結果，反使油燈愈加明亮，竟照遍三千世界每一個角落……

後來，阿闍世王乍聞此事，便問耆婆什麼原因?耆婆答道：「大王供養的心意不如那位老太婆。」

後來，釋尊也預言那位老太婆有此份功德，她在三十劫以後會功德圓滿，成就須彌燈光如來。

因爲這位老太婆有這一份供養的虔誠心，死後不但上天堂享福，還能成就如來佛，即使她生前窮困，也不失行善布施心。

佛經記載兩家膾炙人口的寺院，也是佛陀最初駐錫的地點，一處叫竹林精舍，乃是摩竭陀國的頻婆娑羅王贈送給佛陀的住處，他希望佛陀及其徒衆常住國內，才撥出巨款在竹園建立一座規模宏大的精舍，那也是佛教最初的伽藍，更是強化佛教的大據點，方便佛陀與僧衆經常夏安居的場所。

另一處叫祇園精舍，那是拘薩羅國舍衛城一位富商叫須達多提供的，他不但家財萬貫，也樂施好善，特別喜歡救濟孤獨無緣的人，故被尊敬為給孤獨長者。這兩人既很富裕又有地位，生活舒服又肯行善布施，那麼，死後一定不會像耶穌所說要受苦，反而會受用更多福報。

換句話說他不僅不會下地獄，肯定會上天堂得福報，下輩子也會出生好去處：倘若繼續行善，那也會生生世世受用果報。

所以，依照佛陀的教說，如果生前窮苦時不加反省，昧於窮苦的因果，反而變本加厲去做惡事，那麼，死後的情況會更可怕、更悲慘，絕不會像耶穌那樣肯定說生平沒有好日子過，死後一定有福可享。

同理，富人也不一定死後會吃苦頭，不能上天堂。死後的得失或苦樂，完全決定於自己生前的所做所為，也就是依據自己的善惡業報來決定，任誰也幫不上忙，不像耶穌所說被天使帶領去那裡，而是被自己的業報牽引到該去的所在，連佛菩薩或天帝也無能為力。

敬盼讀者們仔細咀嚼佛陀的詮釋，好自為之，自有應驗的日子。

10　死與死後，記載不同

㈠、耶穌大喊一聲、氣斷而死……約瑟買了麻紗，把耶穌的遺體取下來，用麻紗包好，安放在一個從巖石鑿成的墓穴裡……（馬可福音第十五章第八六頁）

㈡、彼得起來跑到墳地去，俯身探視墓穴，只看見那塊麻紗，沒有別的……天使說耶穌已經復活了。（路加福音第廿四章第一四二頁）

㈢、主耶穌向他們說了這些話後，被接到天上去，坐在上帝的右邊。（馬可福音第十六章第八八頁）。

耶穌的來歷是個特大之謎，不明不白，或者說他不是人，至少從以上四篇裡看不出他是正常人，誠如約翰福音上說：「這樣的人不是由血統關係，不是由人的性慾，也不是由男人的意願生的，而是由上帝生的。」（第一章第一四五頁）。

依非基督徒和現代人看來，這的確覺得很納悶，倘若對於主角的出身交代不清楚，很自然會對於他的說話失去信心與興趣，但有充分的證據顯示耶穌是一位歷史人物，也是承先啓後的偉大宗教家，對於人類有不朽的貢獻。

反觀佛陀不但出身來歷有明確的交待，且對他的弘法經過和死前情狀也有生動的描寫，從頭到尾沒有一點兒神奇，其間亦有凡人的生病、結婚和死亡，在在都有歷史記載。上述是耶穌死後的記載，現在不妨看看佛陀入滅前的歷史記述，情狀可以說完全不一樣。

依據『佛所行讚』記載，一天，釋尊到了尼連禪河畔的拘留尸那附近，這裡有優婆瓦陀羅叢林。釋尊這時再也走不動了，便吩咐阿難在婆羅雙樹之間，舖成一個床，準備入滅。阿難不禁淚水直流，十分傷心，釋尊反而好言安慰他說：「阿難，你不要哭呀！我平時不是常說嗎？不論怎樣心愛的人有一天也得要分別。任何有生命的東西，總會有毀滅的時候。阿難呀！我長年以來都得到你的照料，以後你仍然要自己精進，惟有這樣才能清淨。」

釋尊要入滅的消息傳出之後，附近居民紛紛趕來。這時，釋尊又向一群徒衆開示：

「我死之後，也許你們認爲現在無人指導我們了，其實，這是不對的。我平時所說的法與戒，就是你們的老師。」

最後，釋尊又說：「諸位比丘呵！我要再三告訴你們，一切事物都會毀滅，切勿怠惰，惟有精進修行，才能永遠解脫。」

這是釋尊的最後遺言。

之後，釋尊進入冥想時空，起先進到初禪，接著進入二禪，然後入三禪，再深入四禪，禪是靜慮的意思，從初禪到四禪是進入心的冥想境界，仍然感受到肉體存在，也是心的感覺和冥想狀態合而為一的階段，其中以四禪為最深秘的禪定。

釋尊從四禪起身入「空無邊處定」，從「空無邊處定」進入「識無邊處定」。再從「識無邊處定」起身入「無所有處定」，從「無所有處定」起身入「非想非非想處定」，再從「非想非非想處定」起身入「滅想受定」。

所謂「空無邊處，識無邊處，無所有處，非想非非想處」，就是捨棄感覺意識而入冥想世界。第一是，體驗空間的冥想；第二是，體驗識（心）無邊的冥想；第三是，體驗無的冥想；第四是，毀滅想的冥想；最後的滅想受定，即是消滅想和受的冥想，可以說和死亡僅隔一線的冥想世界，叫做「滅盡定」。

當釋尊進入「滅盡定」時，阿難以為釋尊入了涅槃，便問阿那律說：「阿那律，恐怕世尊已經進入般涅槃了。」

阿那律說：「世尊只入『滅盡定』，不是入般涅槃。」

因爲當時阿難尚未證得阿羅漢果，故分不清『滅盡定』和『般涅槃』的區別。當釋尊進入「滅盡定」後，又轉折初禪方向，之後由「滅想受定」入「非想非非想處定」，再入「無所有處定」，「識無邊處定」，「空無邊處定」，四禪、三禪、二禪到心的表面而入初禪。再從初禪入二禪、三禪、四禪時，就算入了般涅槃。

釋尊八十歲生涯就到此結束了。『涅槃經』記述此時大地震動，人心惶恐，天鼓響起（雷鳴）來了。

釋尊圓寂一星期後，教團的實際領袖大迦葉率領五百位比丘趕往拘尸那城，路上聽到一位外敎徒說釋尊入滅時，不禁呆然若失。不過，他們在釋尊的屍體火化前趕到了。大迦葉先把上衣掛在另一肩上，合掌在屍體周圍右轉三次，之後向釋尊的腳頂禮。接著，五百位比丘也同樣頂禮膜拜。此時，薪火點燃了，最後剩下一堆骨灰（佛舍利）。

不久，佛陀骨灰分成八份，由各族分別供養和紀念。

11　治本之道，調伏心意

耶穌說：「如果你的一隻手使你犯罪，把它砍掉！缺了一隻手而得永恆的生命，比雙手齊全下地獄，落在永不熄滅的烈火裡好多了。如果你的一隻腳使你犯罪，把它砍掉，缺了一隻腳而得永恆的生命，比雙腳齊全被扔進地獄裡好多了。如果你的一隻眼睛使你犯罪，把它挖出來！缺了一隻眼睛而進入上帝國，比雙眼齊全被扔進地獄裡好多了。在那裡，蟲子不死，烈火永不熄滅。」

（馬可福音第九章第七三頁）

佛陀的見解跟耶穌完全不一樣！依佛陀看，雙手、雙腳和雙眼都不會犯罪，只有心起妄念和顛倒才會讓人犯罪。所以，治本之道在調伏自己這顆「心」而已。如果心有貪念而偷人東西，依耶穌的意見，就得砍掉手、腳和眼睛，這不是顛倒錯亂，治標不治本嗎？倘若心念不改，貪求無厭，縱使砍掉一隻手腳和眼睛，結果，另一隻手腳和眼睛也會照偷不誤；這一來，難道也要把餘下的手腳和眼睛毀掉嗎？果真如此，那不就是愚痴嗎？

說眞的，即使缺了雙手雙腳和雙眼，也未必會熄滅他（她）的貪婪心，最後白白糟蹋了健全身體，而沒有達到止息妄念的目的，反而徒增傷害，怎麼算治本之道呢？這時才眞正在人間地獄煎熬了。

『法句譬喻經』有一段話是非常恰當的詮釋——

「在月明星稀的夜晚，河裡爬出一隻烏龜來。這時剛巧有一條水狗飢餓地走來，看見烏龜時喜不自禁，馬上採取行動要去呑食那隻烏龜。烏龜吃驚之餘，頭尾和四腳迅速縮入龜甲裡，水狗無可奈何，只會焦急地用鼻孔不斷嗅著眼前的佳餚。牠左思右想，不得其法，最後失望地慢慢走開了。這時，烏龜才安心伸出頭腳，逃出險境。」

我們從此領悟人類也跟這隻烏龜一樣。人有眼睛、鼻子、耳朵、舌頭、身體和心思等六種基本器官，叫做六根。

表面上看，有誰的雙眼不愛看花花世界？有誰的耳朵不喜聽靡靡之音？有誰的鼻子不愛嗅動人的香氣？有誰的舌頭不愛嚐迷惑的甜味？有誰的身體不愛接觸舒適的東西？又有誰的心意不傾向安樂享受呢？

但總的來說，眼睛、耳朵、鼻子、舌頭和身體都會聽命於心意的指使，奉命行事，如果不克制心意，其他五根一定會沈迷五慾的享受，樂此不疲之餘，最後結局會很悲慘的。所以，人的心意才是最大的主宰，做好做壞，惟心是問。倘若伸手偷人東西，就馬上砍掉他的手或腳，無異是非不分，本末倒置。

以下兩則佛陀的教示，便是最好的例證，值得讀者三思評斷。

㈠、『**百喻經**』**第二**——釋尊住在舍衛國祇園精舍時說，某地有一個漢子爲了要使國王稱心如意，常常費盡心思去研究竅訣。可惜，他一直想不出好方法，一天，他去請教別人。對方授以秘訣，若要得到國王的歡心，就必須仿效國王，看見國王的姿態，就得設法跟他相同。漢子聽了，如是奉行。一天，他目睹國王的眼睛濕潤，便即刻也讓自己的雙眼濕潤，走到國王面前。

「你有眼病嗎？雙眼濕潤得很哩。」國王問他說。

他坦白回答：「我沒有眼病，只因想討得大王的歡心，看到大王的雙眼濕潤，我也在模仿。」

國王聽了很生氣，即刻判以重刑，把他逐出國外去。

可見不是雙眼惹的禍，而是巴結心所致使。換句話說，他所以會犯罪，起自他要取悅國王，心態不正確。

(二)、『百喻經』第三——釋尊在祇園精舍說法，某地有一位長者，左右僕傭一大群，他們為了取悅主人，都竭盡服務之能事。只要長者一吐唾沫，左右僕人立刻爭先用腳抹掉它。其中有一男僕心想：

「主人一把唾涎吐在地上，大家都比我先出腳去抹淨，現在我可要搶先抹給他們看了。」

不久，長者咳嗽要吐唾沫，只見他搶先一抬腳，說時遲、那時快，猛向長者嘴巴踢去，竟踢破了對方的嘴唇，打斷了他的牙齒，長者大怒問他：「為何踢破我的嘴唇？」

那漢子只好實話實說，結果受到主人的懲罰了。

這又何嘗不是心態不正，和妄想惹出的禍呢？縱使砍斷他的雙腳也無補於事，不能使他覺醒，只有調伏他的巴結心念才是惟一途徑。

耶穌的見解差矣，治本之道在破解他的愚痴和邪念，否則砍斷手腳也照樣會下地獄，煎熬反而更加劇烈。

12 天堂與涅槃，兩個不同處

聽從耶穌的話，虔誠地相信上帝，死後便能得救，上升天堂。換句話說，死後上天堂就是信耶穌的報償和益處了。依佛陀的教說，天界不但得依賴自己的善業，而且天界也非最好和永久去處，更非究竟解脫的地方。例如，佛經記載「天人五衰」，意指天上衆生在福壽享盡之際，就會呈現衰相，接近死亡。所以，待在天界不能永遠享樂，也受制於無常之苦。

那麼，「天人五衰」是什麼呢？依據『增一阿含經』卷廿四記載：⑴衣服垢穢，謂諸天衆銖衣妙服光潔常鮮，在福盡壽終時，自然生出垢穢。⑵頭上華萎，謂諸天衆寶冠珠翠色彩鮮明，在福盡壽終時，頭上冠華會自然萎悴。⑶腋下流汗，謂諸天衆勝體微妙，極清潔淨，在福盡壽終時，兩腋會自然流汗。⑷身體臭穢，謂諸天衆妙身殊異，香潔自然，在福盡壽終時，忽生臭穢。⑸不樂本座，謂諸天衆最勝最樂，非世所有，在福盡壽終時，自然厭居本座。

既然天界不是最好和永久，也不是究竟解脫之處，那麼，佛陀告訴衆生的涅槃世界可以享受永久福樂，超脫六道輪迴的苦惱，到底又是個怎樣的地方呢？依據『大本涅槃經』說，涅槃是以常樂我淨爲主旨。那就是常住、最高的安樂、大我、和清淨之意。反過來說，人生原本是無常、痛苦、無我和不淨的結合。我不妨進一步解說於下：

人間因爲萬象無常，才有苦惱，例如，死亡即是無常，但是，人類永遠執著生命，任誰都不能用強顏歡笑，甚至用平常心來面對。不說當事人無法這樣，連其他親屬友人也不能以平常心眼睜睜看著親人死去，故知「無常即苦」。

一般人習慣「把自己看成眞正的自己」，其實不是。只有佛性的自性清淨心才是眞實的自己。「我」時常在改變和替換。每個人時時刻刻都在改變自己的觀念，例如，不滿現實，便會努力上進，希望更上一層樓，結果自然改變了觀念。至於身體的時刻變化更不在話下，分分秒秒都有細胞的新陳代謝，最後難逃成住壞滅的命運，然而人類不能調整心態，隨著身體客觀的變化而保持冷靜的認知和彈性想法；於是說到身體毀滅就悲慟不已。

由此可見，身體不是自己的，而自己也非身體和心理的主宰。所以，這個世間和生命始終是無常和無我，由於沒有主宰的力量，故自己的生活世界永遠不能稱心如意，結果生出了「苦」。

凡是無常之物，只見表面上美麗，光彩迷人，但其內在卻十分醜惡。例如，鮮花只是暫時美觀，凋謝枯萎時十分難看；年輕美麗的人，也會隨著年華老去而出現醜態。所以，世界萬物都根源於「不淨」。

儘管世上都存在無常、苦、無我和不淨的事實，無奈，世人仍殷切盼望常樂我淨。『大本涅槃經』主張涅槃才是眞正的「常樂我淨」，其中有一段話說：

「什麼是涅槃呢？什麼是大涅槃呢？不見佛性，但能斷去煩惱之時，雖是涅槃，但不是大涅槃。因爲看不見佛性，所以，這個涅槃只有樂與淨，沒有常和我；因此，仍然是無常、無我。如能看見佛性，也斷去煩惱之時，才是大涅槃，且具有常、樂、我、淨。」

可見大小涅槃，決定在佛性，那麼，佛性才是眞我。只要能自覺眞理，才能永遠認識自己。佛性的自覺與自我的認知乃是合而爲一的狀態。常樂我淨的「我」是指「大我」，跟宇宙合而爲一的自我，擴大無限智慧領域的大我。

『大本涅槃經』強調，只有斷去煩惱才能得到安樂。那麼，怎樣斷煩惱呢？佛陀說，只有適度地制御慾望，實踐中道——不走極端——的智慧。這個智慧得自佛性的自覺，才能實現中道。因此，若要實現常、樂、我、淨，就必須精進修行了。最後，請牢記下面一句佛陀的教示：

『大本涅槃經』說：「解脫，法身，般若之德，乃不即不離，而入於涅槃。」

原來，釋尊的肉身已滅，但法身不變，爲金剛不壞之身。內心的煩惱徹底解除，便叫解脫，例如，沒有貪慾、瞋恨、愚昧、嫉妒和邪見等，可使內心自在，無憂無慮。般若是指洞察眞理的智慧，而智慧仍指空，不執著的智慧，也是心的作用之一。

這樣看來，耶穌所指的天堂，遠在遙遠的天邊，渺不可及，而佛陀所說涅槃卻近在眼前，完全存在自己的心中，這兩個所在完全不一樣，根本不是同一去處，兩人的解說南轅北轍，牛馬不相干。但最重要的是，學佛的人要明白完全涅槃那種常樂我淨的世界，不需靠別人或天帝帶領或允許才能去，也不需要相信任何人才能前往，只要相信自己有能力，同時肯照佛陀的方法去實踐就行了。

倘若天堂不是永遠，也非最好的地方，那麼，不如選擇那個最究竟解脫，永遠安樂的所在才對。

13 全能與不能，本領不相同

㈠、「上帝沒有一件事是做不到的。」（路加福音第一章第九一頁）

㈡、人是不能，上帝則不然，因為在上帝，萬事都能。

（馬可福音第十章第七四頁）

耶穌生為上帝的兒子，到處宣揚天國的福音，除了能治好民間各種疾病以外，也能使人復活，眞是無所不能，故能讓成千上萬的人跟隨他。

反之，佛陀雖然修得六種神通，也斷盡了煩惱，成了諸天和人間的導師，讓無數的衆生讚嘆與禮拜。不過，他不是全能；相反地，他有三種不能，誠如唐代禪宗北宗僧元珪禪師所說：「佛陀有三不能。」那就是：

⑴不能免去定業，佛陀雖然具足不執著於一切現象的智慧，但他也不能改轉自己曾經招感善惡結果的定業。

⑵不能度化無緣之人，雖然佛陀能知悉天下衆生的特質，窮盡無限事情，但也無法化導那些無緣的衆生。

(3)不能盡生界，佛陀雖然能救度世間的一切衆生，但卻無法讓衆生都能度盡。

佛教徒應該耳熟能詳以下幾則例證——

(1)『根本說一切有部毘奈耶藥事』第十和十一；有一篇故事的。大意是——

某年，釋尊率領徒衆來到鞞闌底城，國王叫火授，出身婆羅門。他本想供養釋尊徒衆所有夏安居三個月的飲食，不料，被一位國師撒謊阻止了，害得釋尊徒衆得不到供養，正在走頭無路時，幸蒙一位客商好心供養馬麥，阿難聽了不敢作主，便去請教釋尊的意見。釋尊立刻答說：

「這是我的業報，我願意承受。」接著又口唱一偈告訴阿難：「縱使歷經百劫，我也無法消除業報；因緣際會，報應必會來到。」

釋尊又吩咐有誰不想在三個月中，跟他一齊吃馬麥渡過夏安居呢？結果，舍利弗因患風疾不能參加，目連需要去照顧他，故也不能加入夏安居。

夏安居結束後，徒衆不禁問釋尊說：

「您歷經三大祇劫的悠久歲月，修得無上的悟境，為何竟會跟四百九十八位僧衆在這兒吃三個月的馬麥過日子呢？為何只有舍利弗和目連得以倖免呢？」

至此，釋尊才提起這段果報因緣。

從前，毗鉢尸如來率同八萬四千位僧衆，住在親惠城郊外。當時，城裡有一位婆羅門在教授五百名兒童。雖然，全國百姓很恭敬他，竭盡供養之誠。但自毗鉢尸如來駕臨之後，婆羅門的聲望徒然下降，致使他對佛與僧衆滿懷嫉妒心。一天早晨，僧衆進城行乞後要返回精舍時，那位婆羅門便叫住一名僧人問說：

「你們乞化到什麼好吃的東西嗎?讓我看一看吧!」

僧人把飯鉢遞給他看了，不料，他馬上吩咐五百個兒童破口大罵僧衆說：「你們根本沒有資格吃到這些佳餚，你們只配吃馬麥。」

這時，只有兩名兒童不以爲然，他們阻止婆羅門說：

「老師，你不能罵他們，他們很尊貴，照理可以接受帝釋天的供養，我們不該罵他們呀!」

當時那個婆羅門正是我的前身，而五百名學童也是現在的你們，至於那兩名聰明的學童，就是現在的舍利弗和目連。因爲我以前造下這項惡口業的原因，今天才會吃到馬麥的果報。舍利弗和目連當時不曾罵人，幸靠這份善因，才免於吃馬麥的災難。所以，你們要牢記「善惡有報」，定業難轉，終究要吃到報應。

『大智度論』卷九，記載佛陀由於過去世造業，故難逃以下九種罪報——①受梵志女孫陀利所謗，五百羅漢亦被謗。②受旃遮婆羅門女繫木盆假裝懷孕所謗。③受提婆達多推山石壓傷腳趾。④迸木刺腳。⑤毘琉瑠王興兵殺死釋迦族人，佛時常頭痛。⑥受阿耆達多婆羅門之請而食馬麥。⑦冷風吹動則背脊痛。⑧六年苦行。⑨入婆羅門聚落乞食不得，空鉢而還。

(2)佛教徒熟知「一闡提」，意指斷善根，信心不具足，極慾、大貪等人都無法成佛，這種人很難發心，彷佛天生的瞎子很難治癒一樣。例如，『十誦律』第四說，提婆達多和一群叛徒如俱伽梨、騫陀陀驃、迦留陀提舍、三文達多等人，因爲貪婪心太重，邪見太深，硬把佛陀主張的正法說成邪法，把正律說成邪律，不論釋尊怎樣誘勸和教化都沒有用，反而三番兩次設計陷害釋尊。

(3)釋尊八十歲入滅，弘法四十餘年，到處教化衆生，受教而皈依的徒衆很多，直到他在波羅雙樹下圓寂前夕，還教化一名年齡一百多歲的外道——須跋陀羅，成爲他的最後一名弟子。儘管如此，尙未受度的衆生還多得無法計數。釋尊的生命有限，可憐待救的天下蒼生仍然不能度盡，釋尊莫可奈何，實在力量所不能逮。

所以，佛陀在這方面跟上帝之子——耶穌不能比擬，因爲耶穌的能耐無限量，而佛陀卻有所不能。

14 馬不知臉長，都同聲指責

你爲什麼只看見你弟兄眼中的木屑，卻不管自己眼中的大樑呢？你自己眼中有大樑，怎麼能對你的弟兄說：「弟兄，讓我去掉你眼中的木屑」呢？你這僞善的人，先把你眼中的大樑移去，你才能看得清楚，去把弟兄眼中的木屑挑出來。

（路加福音第六章第一〇三頁）

記得我小時候，每當在母親面前嘲笑某人長得多難看，例如，鼻子太扁，眼睛又小，或嘴巴特大……母親總會笑罵我，說：「你怎麼不自己照照鏡子？」起初我不懂她意思，而母親也沒有多加解釋，直到很多年後，待自己稍懂世事，始知那句話是，笑別人長得醜，也該知道自己比他（她）更醜，或者不相上下；既然如此，怎麼還好意思笑別人，而不知反觀自照？或者怎敢五十步笑百步呢？彼此長得一樣醜八怪嘛！所謂「馬不知臉長」，意思正是這樣。

人生在世，做人處事很難面面顧到，縱使有意做好，也都很難圓滿，其間總有未盡周延之處。所以，除了要見賢思齊，也要心存厚道，不要妄加指責或嘲笑別人，須知自己也許比對方更糟糕或更不如，半斤和八兩，彼此彼此，應該這樣觀照自我，或藉此反省才對。我想，這就是耶穌上文的意思吧!?

佛陀也有同樣的教誡，千萬不要只看別人的小錯，而忘了自己有更大的錯失，以下兩則說話便是例證：

『法句譬喻經』第一——且說五百名商人出海經商，結果一本萬利；滿載而歸。途中經過一座高山，由於不幸碰到惡魔騷擾，致使他們迷失了方向，飢寒死去。他們的金銀財寶也當然散落在山林裡了。

當時，有一個修行人隱居在這座深山裡，某日，忽然發現到處金銀財寶，不禁心頭暗喜：

「我在山上苦修七年，至今沒有覺悟，反而窮困潦倒，一籌莫展。現在，有這堆無主的財寶，何不拿來花霍，大顯威風一番？」

他一想到此，立刻撿起散亂的珠寶，將它藏在暗處，之後用輕快步伐下山去。不久，他叫一群弟兄來搬財寶了。

釋尊早已知悉此事，爲了教化這位修行人，便特地化身成一名比丘尼。只見她身披法衣，但臉上濃妝艷抹，又佩戴許多裝飾品。

比丘尼和修行人在山區小路上相遇了，比丘尼先以頭觸地，非常恭敬地向修行人禮敬。修行人瞧見比丘尼的怪異裝扮，不禁激動地指責她說：

「你是什麼出家人？雖然剃光頭、穿法衣，但仍珠光寶氣、濃妝艷抹，簡直不像話嘛！」

她默默聽完對方斥呵一番後，才慢條斯理反唇相譏：

「你又是什麼出家人？雖曾遠離親友，潛入深山修行，其實，你不也盜用珠寶，因貪婪而忘了修道嗎？活在世間這副無常之身，無異一次旅宿，難道你會不明白嗎？」

修行人聽了立刻反省和自責。迷夢醒來，就專心修行，不久果然證得阿羅漢果了。

『大莊嚴論經』卷四第十九經——佛陀住世時，某日，有一隊裸體婆羅門和一群僧衆結伴成行。其間，一位年輕僧人目睹婆羅門赤身露體，不禁在大家面前噗嗤笑了起來。

「不穿衣服，眞不知羞恥。」

婆羅門群中有一人稍懂佛理，乍聞對方嘲笑，馬上反唇相譏說：

「和尚，你穿起袈裟，就是出家的標幟，怎可嘲笑和輕視別人呢？外表出家也不能說一定是斷絕了煩惱。倘若不能斷煩惱，脫離生死流轉，未來仍然會過那不穿袈裟，赤身露體的生活。那麼，你怎能嘲笑別人不穿衣服呢？現在，你在生死海上漂浮，彷彿脫拉樹的花，隨風飄蕩一樣；又像被灰土蓋覆的火，煩惱的火焰豈非正在你的內心燃燒嗎？將來也不知會投生到那種惡道裡呢？你應該嘲笑自己才對，那有閒工夫去譏笑別人呢？顯然，這不是一種慚愧心。看你這個樣子，是不能說已斷斷煩惱或開悟的人。只要有眞正慚愧心，就是沒有邪見，也沒有惡覺。如果是這種人，就決不會譏笑別人了。」

年輕和尚被對方一頓斥呵，無言反駁，只有點頭。其他僧衆也說道：「沒有煩惱，才眞有慚愧心。如不能斷煩惱，縱使冠以和尚之名，無異官吏剃光了頭也叫做和尚。不過，官吏剃光頭，只現出和尚外表，亦不能叫做眞和尚。惟有領悟四聖諦、斷煩惱，長期遠離惡道才是眞和尚。」

若只愛耍嘴皮子，滿口仁義道德，而不肯以身作則，或帶頭示範，都是一丘之貉，馬不知臉長之輩，不值得敬佩。

我這樣說，不論耶穌或佛陀都會舉雙手贊成的。

15 難得風範，感人肺腑

耶穌從席位上起來，脫了外衣，拿一條毛巾束在腰間，然後倒水在盆裡，開始替門徒們洗腳，又用毛巾擦乾……耶穌洗完了他們的腳，穿上外衣，然後又回到他的座位……我是你們的主，你們的老師，我尚且替你們洗腳，你們也應該彼此洗腳。我爲你們立了榜樣，是要你們照著我替你們做的去做……。」

（約翰福音十三篇第一七〇頁）

耶穌雖然公開表明是天父的兒子，亦是徒弟的主和老師，地位高高在上，他的說話和思想有不容置疑的權威性，但在現實上也有他極爲民主通俗和平凡的一面，因爲他也要衣食住行、吃喝拉撒和喜怒哀樂；尤其，爲了給信徒立下平凡與民主的典範，竟也能拋棄主與老師的架勢，在大庭廣衆之前給門徒洗腳，教示他們要彼此協助、互相尊重，這倒是非常感人和難得的表帥，也頗讓非基督徒讚不絕口。

無獨有偶的是，佛陀亦有極相彷彿的榜樣，雖然，他自己不承認有任何權威和主宰，也不曾下達什麼嚴格的指令，只會勸導徒衆哪些事不能做，做了有什麼壞處或惡果，無如，大家都會由衷地尊敬他，凡是他的言語舉止都會使徒衆仿效。其間，他的所有身、口、意等活動都以慈悲爲懷，出自眞誠的愛心，絕非做秀或表演，才會格外感動人們的心。

例如，『大藏經』卷十第一二九頁有一段描述：

佛陀座下有一個瞎眼的比丘，一天，他正在摸索要縫衣服，一不小心，針就從線上落地了，於是，只聽他向同修們說：「誰想要修福和積功德，肯來給我穿針引線呢？」這時候，佛陀剛巧走來，立刻應聲回答：「我來給你穿針引線好了。」瞎眼比丘聽出佛陀的聲音，馬上披起袈裟，向佛陀的腳頂禮，並稟告：「佛的功德已經圓滿了，怎麼還需要修這種福和功德呢？」佛陀答說：「話雖如此，但是我卻深知功德的恩，果報與力量非同小可。因此，我特別重視修福和功德。」

果然，佛陀除了幫忙這位瞎眼弟子穿針引線，也給他說法，讓他領悟些法的清淨眼了。

『大智度論』第八也有下面一段說話。

某年，釋尊住在舍衛國，有一次去弟子房間巡視，正好一位修行人躺在病床上受苦，卻無一個人照顧他。不但飲食不便，連大小便也都在床上。釋尊走向前去安慰他，問他何以無人來協助和看護？對方嘆說：

「說來很慚愧，因我一向孤僻，遇到別人得病，從來不去探望，不肯與人結緣，致使現在也沒人肯來看我了。」

「那麼，我現在給你看病好了。」

病人感動得說不出話，釋尊走到床前，伸手替病人全身上下撫摸一番。說也奇怪，經過釋尊一陣撫摸，痛苦馬上消失了。之後，釋尊又扶他到屋外洗淨身體，並拿乾淨衣服給他穿上，重新讓他坐在椅子上……。

『大方便佛報恩經』第七，亦有一則說話十分感人，大意說——

有一位出家弟子全身長滿惡瘡，臭氣難聞，誰也不敢接近他，因此，他被同修們隔離到另一個房間去。

一天，釋尊悄悄來到病房去替病人洗淨膿瘡。這件事很快讓諸天知曉了，於是，帝釋天馬上率領無量的族屬，散落天華，奏起天樂，手持一個裝滿了淨水的木桶，當面呈給釋尊。

釋尊從細長的五指放出大光明，遠射諸天大眾，然後再將光明聚集於身，來到病人面前，普照病人。病人得到佛光的普照，病痛也減輕了很多。病僧感念佛陀的慈悲，就要撐起身體向佛陀下拜了。不料，他的身體紋風不動。於是，釋尊用右手舉起帝釋天獻上的淨水，灌注在病僧的頭頂上，再用左手拭去病僧的腫瘡，接著，釋尊又用手摸撫，才使病僧的惡瘡慢慢恢復了。

這一來，病僧的歡善，不言可喻。

雖然，釋尊貴為「人」和「天」的尊師，在大家心目中的崇高地位非同小可，但是，他滿懷慈悲心與平等心，一視同仁之外，更能感受人飢己飢、人溺己溺的苦痛，才會放下身段替徒眾沖洗和治療這些髒東西。

放眼四顧，台灣的邊遠山區有不少來自歐美文明國家的基督徒醫生和護士，正在仿效耶穌屈身替徒眾洗腳的榜樣，無怨無悔，亦無性別、種族和國籍之分，默默奉獻一輩子。

同樣地，花蓮慈濟醫院擁有一大群義工，也在證嚴法師的感召下，紛紛去服侍病人，也去貧民窟照料老弱病患，慈悲喜捨的實踐，都令人敬佩，而這也是當初兩位宗教家留下的表率，時隔一千多年也仍然感動無數徒眾的心，但願能有更多信徒們投入這種行列才好。

16　兩種人世觀，非常不一樣

耶穌說：「你若要達到更完善的地步，去賣掉你所有的產業，把錢捐給窮人，你就有財富積存在天上；然後來跟從我……不論是誰，爲了我的緣故撇下了他的房屋、兄弟、姐妹、父母、兒女，或田地的，都要得到百倍的酬報，並且要得到永恆的生命。」

（馬太福音第十九章第三三、三四頁）

佛陀對富人的看法與勸告跟耶穌不同，富人之所以爲富，除了現世有很好的因緣，例如，機遇好，加上自己努力和經營得法，也得力於上輩子的福報，才能擁有豐富的財產，但不一定要放掉這些去跟隨佛陀出家，因爲出家也要有出家的因緣福德，而不是任誰都能捨棄妻兒、財產去出家修行。

有了財產要懂得善用，那就是多做布施、多行善事；不要執迷於官能享受、自私自利；也不宜貪求更多，增加苦惱。因爲人生在世要多造善業，苦惱解脫；縱使不能究竟解脫、證悟佛道，至少也要用來造福別人、多積功德，取之於社會、理應用之於社會，才是應用財富的明智之道。

例如，『法句譬喻經』有一則佛陀說話，就是最好的例證，大意是——

從前釋尊住在舍衛國時，有一個富有的老婆羅門，十分頑固吝嗇，只愛把錢用來建造房舍，專供自己享受。

某日，老婆羅門正在監工建造陽台，釋尊用道眼洞悉他今日即將命終，但他不知自己的大限已到，從早忙到晚，累得要死，非常可憐。

於是，釋尊帶著阿難前來慰問老婆羅門說：「你這樣監工勞累，到底爲什麼呢？」

老婆羅門答道：「建來給自己住以外，也要給兒媳和奴僕們住呀。」

釋尊問說：「久聞你是一個大富翁，你能坐下來談一會兒嗎？我有一首偈語，對死人活人都有助益，而今想送給你，你可以坐下來談談嗎？」

老婆羅門答說：「我今天很忙，沒有時間談，還是改天再談吧！你要說的偈語，倒不妨先說來聽聽。」

釋尊即時作偈說：「有子有財，愚惟汲汲；我且非我，何愛子財？暑當止此，寒當止此；愚多預慮，莫知來變；愚蒙愚極，自謂我智；愚而勝智，是謂極愚。」

老婆羅門聽了就說：「你的偈語有道理，但我今天實在太忙，你改天再來詳談吧。」

釋尊只好失望離去。不久，一塊木材突然從工地掉下，當場把老婆羅門擊斃了。家人哭啼不止，驚動了左鄰右舍。

這就是不會珍惜財富，昧於人生無常的道理，否則，應該樂施好善，多種福田，利己利人，才是佛陀的教誡。

『大乘本生心地觀經』也有一則極富啓發的教誨，指出財富處理之道，如果違反它，就可能自食惡果。大意是——

有一個富裕家庭，幾代以來都嚴守祖訓，把財產分成四份，其中一份當作家業資金；一份用做家人的生活費；另一份布施給窮人與孤獨者，只剩下一份來扶助親友，接濟急難的旅客。

歷代子孫都肯實踐這項祖訓，致使他們的財產愈來愈多了。

不料，後來家族出了個極放蕩的子孫，既不照顧相傳的家產事業，亦不理會父母的教訓和祖宗的規矩去處分財產，反而縱情肆慾，大肆揮霍這些財產。

例如，他增建了許多高樓，窗門嵌上金石；屋頂裝飾龍頭，艷麗奪目；地面舖有琉璃、絢麗堂皇；成天飲酒唱歌，自比地上神仙，致使守家的鬼神憤憤離去了。

一天，鄰居突然起火，火勢猛烈，隨風擴散，快燒到了他的建築物。他怒不可遏，迅速把妻兒、僕傭、及其所有眷屬統統叫進屋子裡，之後關閉大門，結果一家人全都喪命在火窟裡了。

關於經濟生活，佛陀也有適當的教誡。依據『增支部經』說，佛陀某次開示舍衛國一位富豪給孤獨說：㈠可用正當方式獲取足夠的財富，享受經濟上的安全；㈡慷慨用在自己、家人和親友身上，也可用作各種善行。㈢不要負債。

長部經又說，某日，佛陀告訴善生童子，應該以收入的四分之一作爲日常費用，把一半投資在事業上，再把四分之一存起來以備急需。

當然，佛陀不贊成整天忙著求財積富，貪求無厭的守財奴和吝嗇鬼，尤其，因緣不俱足時，不必勉強出家修行，在家修行也一樣有功德、有成就。最重要的是，切勿爲富不仁，多造罪業。

17 誡命與戒律，有些會重疊

有人問：「老師有哪些誡命呢？」耶穌說：「不可殺人；不可姦淫；不可偷竊；不可做假證、要孝敬父母、要愛鄰人，像愛自己一樣。」

（馬太福音第十九章第三三頁）

綜觀耶穌這六條誡命，其中四條——不可殺人、不可姦淫、不可偷竊、不可做假證等，就相當於佛陀的五戒——不妄殺、不邪淫、不偷竊、不撒謊，和不飲酒——中的四戒，可見這四項戒條是個人德行和社會安定的根本，兩位宗教家一致教誨徒衆必須遵守，否則，就不是忠實信徒。

請看佛陀怎樣解說四條戒律——不妄殺、不偷竊、不邪淫、不妄語（撒謊），這是跟誡命重疊，也是耶穌與佛陀的共識，堪稱人類社會的一般道德……。

㈠、『新華嚴經』卷卅五「十地品」記載的犯戒果報是：

⑴殺生——會短命，經常生病。

⑵偷竊——會貧窮，不得自在。

⑶邪淫——得妻不貞，無法得到稱心的眷屬。
⑷妄語——會常被誹謗，被人欺騙。
㈡、某日，佛陀向一位名叫難提迦的在家信徒，談到殺生有下列十項罪狀：
（殺生罪）
⑴心裡有巨毒，世代不絕。
⑵衆生都會厭憎他（她）、眼不見爲快。
⑶經常懷有惡念，思惟惡事。
⑷衆生怕他（她）、彷佛看見虎蛇一般。
⑸心裡不安，輾轉難眠。
⑹常做惡夢。
⑺生命快結束時，會瘋狂怕死。
⑻種下短命的業因。
⑼身體壞滅，死後下地獄。
⑽即使下輩子出生做人也會短命。
（『大藏經』卷十三第一五五頁）

㈢、邪淫罪有下列十種（『大藏經』卷十三第一五七頁）——

⑴對方的丈夫時常會來傷害。

⑵夫妻不合，經常爭吵。

⑶天天增加許多不善法，日日減少許多善法。

⑷不能守身、妻子孤獨，不常跟人來往。

⑸財產日日減少。

⑹每天外界一有惡事發生，就會被人起疑。

⑺不能得到親屬和知識份子喜愛。

⑻會種下被人怨憎的業因。

⑼死後會下地獄。

⑽如果投胎做人會做女人，且人盡可妻，若做男人，他的妻子也不會守貞潔。

㈣、偷盜罪也有十種（『大藏經』卷十三、第一五六頁）——

⑴原來的物主會經常憤怒。

⑵疑心重重。

⑶事出突然，預先不能推斷。

⑷愛與壞人爲伍，遠離善友與賢人。
⑸破壞善舉。
⑹被官府治罪，公開懲罰。
⑺財物行蹤會不明。
⑻會種下貧苦潦倒的業因。
⑼死後會下地獄。
⑽若下輩子出生爲人，即使拚命作業，辛苦賺到錢財，也會成爲五家（國王、賊子、水災、火災、不肖子）的共有物，自己受用不到，白白辛苦一輩子。
㈤、撒謊罪也有十種（『大藏經』卷十三第一五八頁）
⑴呼氣有臭味。
⑵善神遠避，忘恩負義之徒不停地接近來。
⑶即使說眞話，別人也不信。
⑷無法參與智慧人士的討論會。
⑸經常遭人誹謗，惡名昭彰。
⑹不能得到人家尊敬，即使說出好話，也會被人誤解。

(7)經常悶悶不樂。

(8)種下被人誹謗的業因。

(9)死後會下地獄。

(10)即使轉世爲人也會不停地被誹謗。

除了以上四戒跟耶穌的四項誡命相符以外，佛陀也一樣強調孝行的重要。在諸多佛經裡，在在都有勸人行孝的內容，不論在家出家都一樣。

詳情如下：

(1)『梵網經』卷下：「孝順乃至道之法，故以孝爲戒。」

(2)『大乘本生心地觀經』卷二報恩品：「父有慈恩、母有悲恩，若人恭敬供養一百淨行大婆羅門，一百五通諸大神仙、一百善友、一心供養、滿百千劫，不如一念住孝順心，故應勤加修習孝養父母，與供佛之福等無差別。」

(3)『中阿含卷卅三善生經』：「子當以增益財物，備辦衆事，所欲則奉，自恣不違，所有私物盡以奉上等五事奉敬供養父母。」

(4)『五分律』卷二十：「若人百年之中，右肩擔父，左肩擔母，於上大小便利，並以極世珍奇衣食供養，猶不能報須臾之恩，故當盡心盡壽供養父母，若不供養，必得重罪。」

孝又分為世間與出世間兩種，供給父母的衣食為世間的孝；以佛法開導父母為出世間的孝。例如，下列記載：

『毘尼母經』卷二：「若父母貧苦，應先授三皈，五戒、十善，然後施予」；只有用出世間的孝行，才能使父母完全離苦得樂。

佛陀以為渡救父母與報恩祖先，才是最大的孝行，且強調精神救渡與成佛得道，才是孝行的根本。

可見佛陀對孝行的解說，遠比耶穌更周延、更詳盡。

18　邪淫休妻，統統不對

㈠、在創世的時候，上帝造人，有男的有女的，因此人要離開父母，跟妻子結合，兩個人成為一體。既然這樣，夫妻不再是兩個人而是一體。所以，上帝所配合的人不可拆開……任何男人休棄妻子，再去跟別的女人結婚，就是犯姦淫，辜負了妻子；若妻子離棄丈夫，再去跟別人結婚，也是犯姦淫。

（馬可福音第十章第七三頁）

㈡、「我告訴你們，除非妻子不貞，任何人休棄妻子，再去跟別的女人結婚，便是犯了姦淫。」

（馬太福音第三三頁）

耶穌很重視婚姻道德，不但不歧視女性，反而嚴格規定男人的性行為，尤其，不僅事實上不允許無故休妻，甚至連內心的淫念也不許出現。否則，要挖眼珠也要砍掉手，嚴格得沒有話說。

關於上文第二、三句比較容易明白，反而第一句讓人納悶。許多人懷疑自己，如果看見美女而有邪念也算姦淫嗎？依佛教來說，照樣使不得。因為佛陀強調身、口、意都會造業，當然，業有善惡，而且一定有果報。不消說，意念所造的惡業也難逃惡報。業不一定即是行爲，意業是心理在動，旁人無法從外界測知對方的內心。不論對方心裡在思惟什麼，只要他能壓抑住身體的動作，和語言的表示，別人也無法知曉。他內心的好壞念頭無法讓人明白，甚至從表情也猜不透他心裡在想什麼？事實上，意業是不能小看的，南傳佛經有一段譬喻可以說明身業、語業和意業——

一位母親用兇話（語業）斥責孩子說，你如要上山會被雌牛吃掉。她說，雌牛呵！快出來把孩子吃掉吧。之後，她用身業恐嚇孩子。

乍見下，母親的身、語兩業屬於惡業，但整個重點是：她果然在造惡業嗎？當然，母親怎麼會給孩子造惡業呢？毋寧說，母親不讓孩子下山，完全出自愛心。換句話說，母親的意業是一項善業。如果心意好，外在的身與語兩業也不算一種惡業。

總之，貪慾、瞋恚和邪見等，都是惡意業。既然有惡業之因，其後必會招感相應之苦果惡報。那麼，邪淫對佛敎徒怎麼樣呢？這是五戒之一，也是在家居士所持的戒條。對男性來說，不得與妻子以外的女性行淫，又雖與妻子做愛，也要在適當時間、場所和方法行之。反過來說，男女雙方不得非支、非時、非處、非量、非理而行淫。既然如此。若犯了邪淫戒會有什麼果報呢?當然，現世報依社會不同而有不同報應，還有死後也不好過日子，下面有一『大藏經』卷十六的描述（一七六頁下段）——

「倘若犯邪淫而侵犯其他女人，貪圖快感時，這種業因也會使他淪入鐵刺林地獄。那裡的刺樹高達一由旬，上面有大毒蛇。化身美女在呼喊罪人：『快爬上來呀！我會跟你作樂。』獄卒會拖著罪人過來，迫使他上樹。不料，刺會突然向下，貫穿罪人的身體。全身刺傷，深入骨髓裡。當他爬到樹梢上時，那個化身美女又突然恢復蛇身，讓他頭破血流，深入腹部。全身碎爛不堪。之後，他又復活停在原處，身體逐漸復原了。不料，化身的美女又在樹下招呼罪人了。獄卒用箭朝上射去，迫使他下來。當他徐徐落下時，刺又向上戮他。當他站在地面時，化身的美女又突然變成蛇身來咬破罪人的身體……。」

可見邪淫罪不但有現世的法律和風俗會懲罰，死後更會飽受苦楚，而這些都不比挖掉眼珠、砍斷手腳輕鬆唓！

釋尊一面嚴禁婚姻生活以外的男女關係，也一面開示夫妻相處之道。釋尊說：

「倘若妻子的品行貞潔，不屈服別人的威脅，又肯順從丈夫的慾求，熱愛丈夫，縱使必須斥責，也不妨向她吐露一切秘密。」

釋尊主張夫妻要依據信仰建立家庭幸福。

「夫妻兩人都要有信仰，心地善良，行爲謹慎，依正確的法理生活，彼此說話體貼，才會愈來愈幸福。」

（以上摘自日本中村元教授著『佛陀傳』）

佛經上說一個名叫玉耶的美女，嫁給一位著名的富商做媳婦。不料，她不肯照顧公婆，也不理會丈夫；更不尊敬和供養值得尊敬的師父，是很壞的妻子。釋尊不但沒叫富商的丈夫休妻，反而再三開導玉耶這個女人，結果讓她痛改前非，成爲賢妻良母了。最後，釋尊問她說：

「凡被看作殺人型、盜賊型、統制型的妻子，卻性格惡劣，行爲粗暴，不值得尊敬，死後會下地獄。反之，凡被看作母親型、妹妹型、婢女型的妻子，懂得守戒，長期自我抑制，死後會上天堂，你想做哪一種呢？」

對方答說：「以後我要做婢女型的妻子。」

總之，邪淫休妻都是佛陀所不允許的。

19 有種無緣難結果，遇到逆緣要超越

「你們留心聽啊！有一個撒種的出去撒種。他撒的時候，有些種子落在路旁，鳥兒飛來把它們吃掉了。有些落在淺土的石地上，種子很快就長苗，因為土壤不深，太陽一出來，就把幼苗曬焦了，又因為根不夠深，枯乾了。有些落在荊棘中，荊棘長起來，把幼苗擠住了，不能結出果實。有些種子落在好的土壤裡，長大成熟、結實纍纍，有的收成三十倍，有的六十倍，有的一百倍。」

（馬可福音第四章第六一頁）

這段話不是神話或臆測，而是現實上屢見不鮮的現象，乍讀下沒什麼稀奇，但依佛教徒看來，卻有不尋常的意義，毋寧說，這正是佛陀的教誨，也是佛教的旨趣——因緣果報。

接著，耶穌自己也對這則譬喻說一些話：「撒種的人撒的是上帝的信息。有些人好像落在路旁的種子；他們一聽了信息，撒旦立刻來了，把撒在他們心裡的信息奪走。另有些人好像落在石地上的種子，他們一聽了信息立刻樂意接受，可是信息

在他們心裡紮根不深，不能持久，一旦爲了信息遭遇困難或迫害，立刻放棄。再有些人好像撒在荊棘中的種子；他們聽了信息，可是生活的憂慮、財富的誘惑，以及其他各種慾望紛紛而來，窒息了這信息的生機，不能結出果實。但是，有些人好像撒在好土壤裡的種子；他們聽了信息，領受了，並結出果實，有的收成三十倍，有的六十倍，有的一百倍。」

佛教的解讀就不一樣了，沒錯，播種子等於種「因」，而所有外在變化等於「緣份」，例如，鳥兒飛來吃掉啦，被太陽曬乾啦、被荊棘擠住啦……都算惡緣或逆緣，它一定會大大影響將來的結果。所以，因緣果報連成一氣，種善因又有善緣，就能結出纍纍的果實，且多達六十倍和一百倍以上。

可見外緣非常重要，但是，佛教最殊勝的地方，就是很重視善根，也就是種子本身的生命力，倘若一顆種子內藏非常堅強的生存意志，縱使碰到各種意外的惡緣，也能迎頭痛擊，或以迂迴取勝。

例如，我們常在自家院子和屋簷下，發現一塊大石頭底下露出植物的嫩芽，青綠可愛，令人讚嘆之餘，更忍不住敬佩它那股旺盛的生命力，眞是鬥志高昂，縱使衝不破大石頭的強大壓力，也會想盡辦法找尋各處生存空間，彎彎曲曲地成長起來……同理，我們出生爲人，縱使受到三世因果的影響，前幾輩子因因緣緣才會出生到某個家庭，得到某個姓氏，甚至有人生在富貴家族，一生下來就是健康可愛，而有人不但生於貧困，而且一出生就是殘廢；顯然，後天的環境都是外緣，有幸與不幸，但佛陀主張「逆境是良師」，只要有眞正的智慧，照樣能轉化惡緣爲善緣，甚至將惡緣當作「逆增上緣」，所謂「危機即是轉機」、「黑暗即是光明」。學佛的人耳熟能詳「煩惱即菩提」，當如是也。

以下有一則『大方便佛報恩經』第五的說話，便是佛陀最貼切的教誡：

某日，釋迦族有五百名婦女到竹林精舍央求出家，不料，遇到有些比丘尼告訴她們說：

「世間的快樂很多，我們因爲年老色衰才不得不出家，而你們年輕貌美，怎麼捨得出家呢？」

釋迦族婦女們聽了很氣餒，誰知一位華色比丘尼卻安慰她們說：「諸位只是略受波折就這樣懊惱，殊不知我尚未出家前的苦難不知比你們多出幾百倍呢！我說給你們聽吧！」

接著，華色比丘尼開始說：我是舍衛國人，奉父母之命嫁到北方。幾年後生下兩個孩子，且又懷孕在身。依照習俗要回娘家待產。於是，我們夫妻便帶著孩子和男僕回舍衛國。誰知途中一條大河突然暴漲，又適值太陽下山，渡河既不可能，只好留在河邊過夜了。深夜，我突然肚子痛了，剎那間生下第三個孩子。

正在高興時，不料，身邊草叢有條毒蛇聞到血腥味，馬上爬出來突擊，咬死了男僕，又咬死我丈夫；同時還想吃掉我要帶回娘家的畜生。幸好太陽東昇，牠才爬回草叢去，而我和孩子也倖免於難。

由於毒氣蔓延丈夫的屍體，致使全身都臃腫發黑，我悲哀得發狂似地哭叫。不久，水勢減弱，我揹著次子，又把嬰兒放在裙子上，用嘴巴銜住，準備先渡河去。

誰知我過河到一半，回頭一看，發現一隻兇虎正在追逐岸上的孩子。我大驚下猛叫兒子快跑呀！不料，咬在嘴裡的裙布因我開口而鬆開，致使剛出生的嬰兒就掉到水裡，我趕快用雙手去打撈，結果不但嬰孩撈不到，連揹著的孩子也因爲我放開雙手，竟又使他掉進水裡去。

接著回頭又看到那條兇虎在追逐我的長子。

「老天呵！這個世界還有天理嗎？」

我在河裡站了片刻，才好不容易躑躅到岸上。

剛巧有一隊人馬經過河岸，其中一位長者正是父母的朋友。他告訴我說：

「你怎麼還在這兒，趕快回家吧！你家裡昨晚失火，說來可憐，兩位老人家來不及逃出，都葬身火海了。」

我一聽就暈倒在地上。半晌，我才慢慢甦醒過來，不料來了五百個強盜把那位長者殺死，搶走他們的東西，一個頭目還捉我去做了押寨夫人。每次強盜們外出，都命令我留在賊寨看守。

有一次，我不小心動了胎氣，剛好賊頭目搶一批財寶回來，因見我沒有開門，我那時正要分娩，他一進來怒不可遏，責問我說：

「你因為分娩沒有開門，倘若害我們被逮捕了？豈不是這個嬰兒惹的禍？乾脆把他殺掉算了。」

這時，他拔刀威脅我說：

「你若想保住嬰兒全屍，就把他吞下去，若敢說個『不』字，你的頭也將砍下來。」

殘忍的賊子確實讓我很害怕，我只好含淚吃了自己的骨肉。

之後，他又出去幹殺人搶劫的勾當，然而惡貫滿盈的他，終於被逮捕了。這種罪不但他被砍頭，連我也要被捉去活埋。

於是，我想了一個辦法，就是穿戴很多瓔珞等裝飾品，希望被貪心的人看到，之後來挖墳。果然到了半夜，一個歹徒偷偷跑來挖墳，搶走瓔珞，也把我帶走了。但不久又被衙門的人發現，歹徒依法被處斬，我也再度被活埋。夜裡，我又被突擊了。但不是人，而是一群飢餓的虎狼，牠們落荒來找屍體吃，我也因此才能逃走。一逃出來，我不分東西南北，只想找一個人，只要是人……。

此時，適逢一位老婆羅門經過，並誠懇指引我說：

「你只有信受佛陀的教理，才能讓身心平靜。」

我聽了就去拜訪釋尊的姨媽——憍曇彌比丘尼，不久做了她的弟子，聆聽教誨，努力修行，才有今天的成就。

華色比丘尼說完自己的身世，又教示釋迦族的婦女說：「我在家時的苦難，不是語言能夠表達。幸蒙師父指引，且得力於那些苦難的逆增上緣。諸位應該信受佛陀的教誨追求重生。」

釋迦族女們聽後法喜充滿，頂禮而去。

耶穌那段話所傳達的訊息是，外緣非常重要，會影響到以後的結果，佛教徒不否認它，但更重視自身所發散的力量，那就是生存意志與化解挫折的能力。在漫長的人生過程與錯縱複雜的生存環境中，難免碰到各種惡緣或逆境，那時，與其盡量逃避閃躲，不如面對現實設法突破，以達到圓滿成功。

放眼四顧，那些白手起家，自力更生的成功典範，在各個領域都多得不勝枚舉，那麼，學佛修行或爲人處事也應該本著這項原則——遇到困境要愈挫愈堅，化危機爲轉機，別那麼輕易被逆緣衝倒啊！

20　貪求無厭，愚痴透頂

一個人就是贏得了全世界，卻賠上了自己的生命，有什麼益處呢?當然沒有。

（馬太福音第十二章第二九頁，馬可福音第八章第七一頁）

意思很明顯，在世間所有財產、權勢和地位中，應以自己的生命最重要，以上那些都是身外物，意謂生不帶來，死也不帶去。無如，世人偏偏不知適可而止，總是貪求無厭，多多益善，有時賠上性命也在所不惜，這就是愚痴了。例如，以下三則佛陀的教誨最令人深省：

㈠、『**大莊嚴論經**』**第十五**——有一位修行僧叫做須彌羅，擅長察言觀色，談些趣事，取悅於人。有一次，他跟國王談笑風生，很投合國王的意。於是，國王很歡喜地問他：

「你說得眞好，你想要求什麼。儘管說吧！」

須彌羅說：「我要些土地來建造僧舍。」

國王聽了馬上答應，慷慨地表示：

「你不必休息，儘管往前走，凡是你能走到的地方，我都會把那些土地統統捐給你建寺廟。」

修行僧二話不說，穿好衣服，匆匆向前去。走了很久，走得很累；無奈，他想貪求更多土地，便硬撐著前進。最後，他再也走不動，倒在地上。即使這樣，他仍勉強爬著前進。最後，連爬也爬不動了，這時候，他把手上的拐杖使勁兒向前一丟，大聲叫嚷：

「這根杖丟到的地方，都屬於我的土地了。」

顯然，他快沒命了，不知還要那些土地幹什麼？不就印證了耶穌上面那句話嗎？凡是稍有知見的人都應該領悟知足常樂的眞理，放諸四海也行得通，不分種族、性別、貧富、地位或者多少知識等差別，誰能實踐它，誰就能快樂自在，反之，就是苦惱無窮，連老命也不能自保了。

㈡、『**大乘本生心地觀經**』**第四**——釋尊在舍衛國祇園精舍對徒衆說法。從前有位妙得彼岸菩薩住在羅陀國。該國商隊每次要出海尋寶都會請他到船上來，希望藉助他的力量履險如夷，如願抵達目的地。

某次，他陪同一群商隊搭船出海了，誰知途中遇到海水幾度變化，好像流出一片墨汁，到處呈現漆黑色。接著，遠處傳來大火的爆破聲，非常悽厲，好像烈火在燒乾燥的竹林。一群商人好生害怕……菩薩立刻焚香禮拜諸佛，祈念風平浪靜。片刻後，果然惡風停止，並得到順風，大家有了生機，到了藏寶地方，如願撈到許多金銀財寶。這時，只聽菩薩開示一群商人說：

「因爲諸位前世有過布施，今世才能順利得到這樣珍貴的財貨。不過，前世行布施時也有起過吝嗇心，剛才才會遇見惡風，身心苦惱萬狀。大家對這批財寶要知足。倘若貪婪無止境，必然會再逢災難。在諸多財寶中，價值最高的，莫過於生命了，那才是無價之寶哩！」

一群商人牢牢記住這段話，寡慾知足，只取自己應得之份，才能脫險離難。

㈢、『**百喩經**』**第四**——某年釋尊也在祇園精舍說，有一個漢子娶兩個妻房。只要他親近一人，另一人必會嫉憤交集，把他攆走，害得他的立場困難，每晚夾在兩妻之間，正身仰卧。一天，大雨如注，房屋漏雨，水滴夾著泥土和灰塵全都掉進他的眼睛裡。他想盡方法要防避，奈何他跟兩妻有約在先，不論發生任何事情，都不能移近任何一方，結果往右邊靠不成，向左邊也不行，只能停在中央不動，最後雙眼都瞎掉了。

爲了貪享齊人之福，才會失去雙眼，將來也許連老命都不保，不是愚痴透頂嗎？

佛教徒耳熟能詳貪、瞋、痴爲三毒，而貪慾爲三毒之首，也是十惡、五蓋和三不善根之一，佛陀說這種貪慾心會讓有情衆生的身心受生死輪迴之大苦，也會毒害我們的善心，阻礙我們開悟清淨。請讀佛陀這方面的教誡：

『首楞嚴經』卷八：「是故十方如來，色目多求，同名貪水。菩薩見貪，如避瘴海。」

『灌頂經』卷十二：「世人愚痴，但知貪惜，寧自割身肉而噉食之，不肯持錢財布施，求後世之福。」

『法華經』譬喩品：「諸苦所因，貪慾爲本。」

『遺教經』：「若有智慧，則無貪著。」

對治貪慾的秘訣靠「無常觀」和「喜捨心」，耶穌與佛陀縱使在許多方面有分歧，但兩人都深知貪婪的可怕，且避之惟恐不及，才這樣令後人讚嘆。

21 無獨有偶，預言相似

耶路撒冷有一個人，名叫西面。他是敬畏上帝的義人，一向盼望以色列得到拯救。聖靈跟他同在：他得到聖靈的啓示，知道自己在離世以前會看見主所應許的基督。由於聖靈的感動，他來到聖殿……把孩子（耶穌）抱在懷裡，頌讚上帝說：

「……他要成爲啓示外邦的亮光，成爲你子民以色列的榮耀。」

耶穌的父母對西面所說關於孩子的事覺得驚訝。西面給他們祝福，並且向孩子的母親瑪利亞說：「這孩子被上帝揀選，是要使以色列中許多人滅亡、許多人得救。他要成爲許多人毀謗的對象，並因此揭露了這些人心底的意念。」

（路加福音第二章第九四頁）

顯然，這是對耶穌的預言，含有濃厚的宗教色彩，但無獨有偶的是，佛陀出生不久也有非常類似的占卜師預言，後來果然被言中，無疑增添了佛陀傳的神奇性。

根據佛經上說，悉達多王子出生後幾天，一位名叫阿私陀的仙人，一向在香醉山修行，功力非比尋常。一天，釋迦族淨飯王請他來替王子看相和算命。不料，當他看了王子圓滿的面相，內心無限歡喜，卻忍不住傷心地哭了起來。淨飯王非常擔憂，便不安地問他說：

「尊者啊！王子有什麼不對勁嗎？」

「對不起，我太失態了，太子的相貌比外面的傳聞還好。依據我的預測，王子不但不會有任何不幸，反而會求得最圓滿、最究竟的眞理，成就人間的覺者。他將會教化天下衆生，而今我年紀大了，不久會死去，再也沒有機會聽到他說的眞理，才忍不住悲從中來啊！」

說完後，阿私陀便向太子合掌禮敬，之後離開王宮。

王子誕生後第五天，淨飯王邀請了一群德高望重的婆羅門來爲孩子命名。他們仔細端詳了王子圓滿的相貌，其中有七人豎起兩隻手指，說：

「太子長大以後，如果繼承王位，將成爲萬王之王；如果出家修行，必定成爲佛陀。」

一位年輕的婆羅門卻只豎起一隻手指：依他看，王子以後見到生、老、病、死各種人生苦相時，一定會出家修道，結果會成爲一位大徹大悟的覺者。

七位婆羅門所以預言王子會成就萬王之王，係因爲這是當時最高的政治領袖。

王子所處的時代在公元前六到五世紀，當時，恆河下游即中印度一帶，建立不少城市國家，統稱爲「十六大國」，其中以恆河南岸的摩竭陀國和西北邊的憍薩羅國最強大。傳說十六大國中沒有釋迦族的迦毘羅衛國，因此，淨飯王希望兒子將來成爲偉大的統治者。

淨飯王聽過他們的預言後，便給王子取名「悉達多」，意指「一切願望都能圓滿」。

後來，耶穌、佛陀都成了人間德行的典範，不負出生時的神奇預言，也正因爲這樣，才使後人讀到他們的傳記會起奇妙的想像和臆測。

22 罪的解說，大同小異

人所犯一切的罪和所說一切毀謗的話，都可以得到饒恕；但是那褻瀆聖靈的人就永遠得不到赦免，因爲他所犯的是永遠的罪。（馬可福音第三章第六一頁）

耶穌認爲「聖靈」是莊嚴不可侵犯，誰若褻瀆它，誰就永遠犯罪，也得不到赦免，因爲他（她）不是人，屬於超人類，所以，等而下之的人類，即使被旁人毀謗或侮辱，都不會這樣嚴重，也能得到饒恕，可見人類與聖靈的分別有多麼懸殊，和多麼不可思議。

佛陀也談到罪，但不知與耶穌所謂「罪」是否相似相符呢？依佛陀看，罪是指人們違反道理，觸犯禁條而招受苦報的惡行，就叫做罪。大體上說，人類在身體、言語和意志（即身、口、意）等三方面所犯之惡行（業），叫做罪業。

因爲罪屬於壞行爲，故叫做罪惡；它會妨礙聖道，故叫做罪障；又因爲罪的行爲會招致苦報，故又叫罪報。而且，這種行爲乃是招引罪報的根本，故也叫它罪根。

罪有五逆罪和十惡罪，統統稱爲二罪。在人的身、口、意三業中，以意業之惡爲大罪；一切煩惱之中，又以邪見爲大罪；一切惡行之中，以破僧罪最嚴重。

在佛教的因果觀中，強調善惡必報，造惡衆生，死墮地獄，受極大痛苦，而這種造罪的人叫做罪人。誠如『地藏菩薩本願經』卷上說：

「或有地獄，取罪人心，夜叉食之；或有地獄，鑊湯盛沸，煮罪人身。」

在諸種惡業中，最重大的罪是破僧的虛誑語。這種罪犯會墮入無間地獄。例如，提婆達多不但妄指佛陀的教法，也陷害佛陀好幾次，擾亂大衆，眞是罪大惡極。原因是，他老早想要取代釋尊統領教團，勸釋尊讓位給他，但釋尊不肯，致使他內心醞釀一股殺害釋尊的念頭。顯然，貪慾喚起了瞋怒與愚痴，且在劇烈的瞋怒心主使下，就生出了三番兩次的殺人行動。

有一次，提婆達多在瞋怒之餘，親自爬上靈鷲山，伸手撿起一塊大石頭，遠遠地向釋尊丟去。

幸好，這塊巨石沒有擊中釋尊的身體，反而擊中身邊的岩石破裂，而碎片彈出來傷害到釋尊的腳趾，皮肉裂開、血流滿地。釋尊也沒有大發雷霆，只像巨龍一般站在山頂上勸告提婆達多說：「你幹了前所未有的事。」（『四分律』第四）

再依『南傳大藏經』律部四、小品上說，當時的釋尊這樣嘆說：「傻瓜，你闖了大禍哩！你的壞心與瞋心竟讓如來流出血來。」片刻後，釋尊回到洞裡，自己把大衣摺成三疊，右脇朝下，臥在衣上，極力忍痛，但始終沒有憤怒地報復……。

佛教主張人類的心性本來清淨，而貪慾、憎惡、迷妄等是污染心性的三毒，昔日大家把這三毒叫做罪，理應受到責備；若能捨離三毒，那麼，心性便能清淨，這是原始佛教的觀點。但是，大乘佛教不認為貪慾有重罪。例如，『鄔婆離所問經』說：「因為憎惡引起之罪，較因貪慾引起之罪為重，這是因為纏縛眾生之煩惱，對菩薩而言，既無罪惡，亦無危險。」『方便善巧經』也說，對菩薩來說，有兩種重大的罪，一是迷妄所引起，二是憎惡所引起。

『金光明經』說，諸佛對一切眾生有很深遠的慈悲，諸佛將眾生從罪惡的恐懼中解救出來。我們在不得已的情況下犯罪，被惡所征服，面臨破碎、死亡等危機之苦惱；此時既感受到不能避免之罪，將此罪與恐懼訴諸於人類又無法獲得解脫，惟有絕對皈依諸佛，才能獲益。只有在恐懼罪惡之自我意識完全進入空無狀態，罪惡之恐懼才能消失。

23 寡慾是福，適可而止

耶穌又對門徒說：「……不要爲了生活上所需的食物，或身上所穿的衣服操心。生命比食物貴重得多，身體也比衣服貴重得多。看看那些烏鴉吧！他們不種不收，也沒有倉庫或儲藏室，上帝尚且飼養牠們……你們不要掛念吃什麼，喝什麼，爲這些事煩惱。」

（路加福音第十二章第一一八—一一九頁）

耶穌的言外之意是，只要有了生活的基本需要，能夠維持最起碼的溫飽，此外需求就不必花費太多心神，倒不是勸人放棄一切最起碼的需求，不吃不穿，只信上帝……。的確，這項勸告相當於佛陀的敎誡——寡慾是福，或少慾知足，與知足常樂；反過來說，慾多苦惱，貪求無厭必然不快樂；理解生命最重要，所有財富、名望、裝扮、稱讚……都是身外之物，不妨在有生之年，多造善業，或利益衆生最要緊。所謂「萬般帶不走，只有業隨身」，也正是這個意思。

『大藏經』卷十三有一段佛陀的開示是：「一個商人出海去挖寶，不料，當船正在海上返航時，突然出了意外，致使船上的珍寶全部消失。他很高興地舉手說：

『失掉不少財寶啦！』別人不解地問他：『你失去辛苦找來的財寶，赤裸裸從船裡逃出來，怎麼不但不沮喪，反而高興起來呢？』

對方回答：『在一切財寶裡，人命第一。人是爲了活命，才去求財，而不是爲了財寶才求命呀！』」

這是極有分寸，又有智慧的答話，可惜，一般人都很顚倒，本末相反，所謂「人爲財死，鳥爲食亡」，指出世人習慣把生命擺在第二位，反而把財產放第一位，眞是愚痴。

再讀『雜寶藏經』有一則類似的教喩，値得大家深思——

舍衛國有一位商人領袖叫做比舍伽，某日，他率領五百名商人出海去尋寶。航程十分順利，且如願採到許多珠寶，奈因財寶太多，搬回船上不斷加重，眼見會有危險，比舍伽再三警告大家說：

「慾望要適可而止，如果不減輕載重，大家都會跟船同葬海底了。」

可惜，他們都被發財慾衝昏頭了，怎麼也不聽他的勸告，反而不停地把財物搬到船上來，這時候，比舍伽知道狀況嚴重，危機迫在眼前，乃當機立斷把部份財物丟到海中，直到不會危險爲止。

海神發覺比舍伽的機智過人，又沒有強烈的貪婪心，感動之餘，就把丟入海底的寶物聚集起來，待船隻上岸後送還給比舍伽，但其他商人仍然沈迷海中的財寶，苦惱不堪。比舍伽憐憫他們，就把海神送回的財寶分贈給他們了。

之後，比舍伽信奉佛道，修得神通，五百名商人知悉後，始知貪慾害人不淺，明白眞正的寶物存在道中，於是，他們也一起依法修行，終於證得神通了。

還有『阿育王經』卷十也有一則說話，強調少慾是福，尤其有助於修道證果。大意是——

摩偸羅國有一個富翁，本來萬貫家財，後來逐漸貧困，最後所有財產只剩下五十元了。他心想：

「這樣下去，我遲早會餓死，不如去當和尙算了。出家以後，可用這筆餘錢來買藥品、衣服。」

於是，他去優波笈多聖者的地方出家。不過，他對於那五十元仍很掛礙，每天吩咐一個小沙彌去查看。

一天，優波笈多對他說：

「出家之道在寡慾知足，不能貪婪無厭。所謂寡慾知足，就是要能滿足稍許慾望。不知你那五十元準備做什麼？因爲出家人不用錢，乾脆拿來供養全體僧衆好了。」

聖者再三規勸他，無奈，他視財如命，始終聽不進去，只好實話實說：

「我想用來買衣服和藥品呀！」

這時候，聖者便用善巧方便，帶他到廟裡去，大顯神通，拿出五十萬元現款讓他過目，同時說：

「這筆大錢給你買衣服和藥品，但你不妨先將那五十元拿出來布施僧衆。」

這個修行人才歡喜拿出五十元施予僧衆了。

後來，聖者又開導他，終於使他證得羅漢果了。

別說聖經與佛經都勸人要節制慾望，獲取快樂，其他民族亦不乏類似的教訓。例如，瑞士人說：「窮人固然缺少很多東西，但貪心人缺得更多。」塞國人說：「貪心的父親爲子女招賊。」菲律賓人說：「會想得到全部，反會一無所有。」愛爾蘭人說：「貪婪之徒總感匱乏。」歐洲人說：「貪婪者與窮困者實際上沒有差別。」

24 逆向思考，不宜盲從

㈠、不先洗手就吃飯，那一類的事是不會使人不潔淨的。

（馬太福音第十五章第二七頁）

㈡、假如一個人有一百隻羊，其中一隻羊迷失了，難道他不撇下九十九隻在山野間，去尋找那隻迷失的羊嗎？……他找到這一隻迷失的羊一定非常高興，比他有那九十九隻沒有迷失的羊高興多了！

（馬太福音第十八章第三一頁）

類似的話仍有不少，光讀這兩句便會使學佛的人納悶了。飯前不洗手，顯然違反現代的衛生習慣，不值得鼓勵，亦不能教育孩子。再說那人撇下九十九隻羊在山野間，匆匆去找尋其中一隻迷失的羊也未必聰明，倘若九十九隻羊群發現主人離去，便趁機四竄的話，怎麼辦呢？

為了襯托兩者都不恰當，不妨引錄兩則佛經故事來印證——

㈠、『**百喻經**』**第三**——某年，某地有個漢子飢餓難挨，吃了七塊煎餅，當他吃完六塊半煎餅時，肚子已經飽了。他在懊悔之餘，忍不住敲打自己的頭顱說：

「我現在只吃半塊煎餅，就飽了肚子，可見前面六個半白吃了，一點兒也沒用。早知如此，不如一開始就先吃那半個煎餅。」

乍讀下，不禁讓人捧腹！天下竟有這種人，頭腦實在「秀逗」，怎不用大腦想一想前因後果呢？

㈡、『**百喻經**』**第四**——某年，有一隻猴子手持一撮豆，突然掉了一粒在地上。牠馬上將手上的豆放在旁邊，匆匆跑去找尋那粒豆子時，放在旁邊那撮豆，竟然被雞、鴨吃光了。結果因小失大，有夠愚蠢哩！

由此引申，凡事有輕重緩急和適當秩序。遇到緊急狀況時，應該冷靜思考，不要急著動手，否則會出差錯。

25 隨機教化，不漏一人

經學教師和法利賽人帶來一個女人；她是在行淫時被抓到的。他們叫她站在中間，問耶穌：「老師，這個女人在行淫被抓到。摩西在法律上命令我們，這樣的女人應該用石頭打死。你認爲怎樣？」…………耶穌問他們說：「你們當中誰沒有犯過罪，誰就可以拿石頭打她。」…………他們聽見這話，就一個一個溜走，從年紀大的先走，只剩下耶穌和那個站在那裡的女人。耶穌就站直起來，問她說：「婦人，他們都哪裡去了？沒有人留下來定你的罪嗎？」

她說：「先生，沒有。」

耶穌說：「好！我也不定你的罪。去吧！別再犯罪。」

（約翰福音第八章第一五九頁）

這段話凸顯一個訊息——耶穌很機警，會隨機應變解決了那個女人的危機，同時使自己也不陷入他們的圈套，因爲他們想用這話來陷害耶穌，結果反而讓對方知難而退，正是耶穌「四兩撥千斤」的巧妙方法，但是，耶穌並沒有趁機教化那個女人。凡事有果必有因，那個女人到底是妓女呢？還是跟人私通呢？或是情竇初開的少女跟心上人在行淫呢？耶穌遇到如此嚴重事情，關係到一個女人的貞節與聲譽，實在非同小可，理應教誡一番才對，怎能淡淡地一句話：「去吧，別再犯罪。」倘若對方是個妓女，更應讓她改邪歸正，重新做人。

反觀佛陀遇到這種情形，便竭盡教化之能事，促使對方悟及自己的錯誤，例如『法句譬喻經』有一則見證——

有一次，釋尊住在靈鷲山說法。王舍城有一個妓女叫做蓮華，長得非常漂亮，眞是世間罕見的美女。某天，她忽然起了善心，想要遠離人間的煩惱，做一位參學與持戒的佛教修行人。於是，她特地去拜訪釋尊了。

途中，她走到一條淸澈的河流，想要喝水止渴。不料，當她瞧見自身在水中反映的美貌時，不禁愈看愈歡喜。她有秀麗的眼睛、高挺的鼻梁、櫻桃似的嘴唇……不論那一部份，都足以讓人心魂蕩漾。

「原來，我長得這麼漂亮，爲什麼不珍惜，及時享樂，反而去出家修行呢？實在太傻了。」

頃刻間，她的想法完全改變，便返身回到原路上。

此時，釋尊在靈鷲山知悉她的想法改變，認為要趁機教化她一番，便大展神通，化身一個比她更漂亮的少婦，在半路上等她來。

當然，蓮華不知此事，滿腦子都想及時行樂。當她一個轉彎，便望見一個絕世美女姍姍走著來。

「啊！這個女人好美喲！怎麼不跟丈夫一起呢？」

蓮華被她的美色迷住了，便忍不住走前去搭訕。

雙方談話很投機，便結伴走路，經過泉水旁邊，她們停下來休息。對方彷彿很疲倦，竟把蓮華的膝蓋當枕頭，呼呼睡著了。片刻後，她忽然斷了氣，剎那間，全身浮腫腐爛、臭氣沖天、皮破腸露、蛆蟲蠢動，死狀恐怖。蓮華看了心想：

「這麼漂亮的女人死了尚且變成這種樣相，難道我能夠例外嗎？算啦！還是參訪佛陀才對！」

一會兒，她走到靈鷲山拜見佛陀，吐露以上的經過和感想。釋尊趁機開示人間有四事永難如人所願，就是——

㈠不論青年、壯年都會日趨衰老。㈡再壯健的人也難逃一死。㈢親朋好友，雖然聚集一堂，快樂無比，也終有離別的時刻。㈣縱使百萬富翁，也會離開財富而去。

蓮華聽了佛陀的教誡，始知此身不能永遠屬於自己。惟有佛法才是永恆之道，於是她願意修行了……。

一個人的作爲和心態不會永遠不變，即使是個大壞蛋，或願操賤業的妓女，也是有特殊因緣讓他（她）走上那條路，但因緣時刻在變化，壞人賤人不可能永遠壞下去或賤下去，只要碰到善知識給予適當的教化，照樣能化惡爲善，讓卑賤爲高貴，只要他（她）肯生起慚愧心，痛改前非，照樣是個頂天立地的大丈夫，所謂「放下屠刀，立地成佛」，當如是也。

不過，要徹底改變一個人也得有恰當的時間，空間和狀況，意謂因緣俱足，或者時機成熟，便要趁機下手，不能猶豫，才能收效；否則，時機會稍縱即逝，錯失了良機，即使花費百倍的心血也於事無補，再也不能化危機爲轉機，讓浪子回頭覺悟。所以，眞正有智慧的善知識便要仿效佛陀打鐵趁熱，分秒不差，掌握主動和狀況，結果才能功德圓滿，成功地教化了一個人。

26 特殊因緣，值得原諒

「好人從他心裡頭積存的善發出善來；壞人從他積存的惡發出惡來。一個人的心裡充滿著什麼，嘴就說什麼。」

（路加福音第六章第一〇四頁）

乍讀下似乎完全正確，但若仔細一想，卻又不見得全然如此。例如，情非得已，有時心懷善念，但在某種因緣下，不允許善心善念充分展現出來，反而做出壞事，讓人意外；至於口是心非，滿肚子奸詐，嘴裡仁盡義至的例子，環視周遭，更是屢見不鮮了。

相反地，有時儘管嘴巴說些難聽的話，甚至惡言惡語，殊不知他（她）有菩薩心腸，眞正的愛心比誰都要豐富，都要感人。

佛教不但重視人的心念，尤其讚嘆羅刹惡鬼心改變爲佛菩薩心的人。雖說表面上的行爲和說話很不好，只要心存善念，照樣不能算歹徒或壞人，遑論有任何惡報了。理由如上述，有時遇到不尋常的因緣，迫使他（她）不得不這樣，所以，其心可憫，其行也可以不追究了。

例如，『佛說大方廣善巧方便經』有一則說話——

某地有五百名商人聚集一堂，商討發財方式。他們聽說海裡藏有各種珠寶，便決定一齊去找尋。不料，外面有一個漢子知道他們要出海尋寶，便要偸偸跟著去。他潛入船裡，跟大家混雜在一起。其間，他不斷用詭計，企圖把他們全部殺光，獨佔珠寶。

不久，大家發現了這個兇悍的暴徒，但也無可奈何，不敢對他怎樣。商隊裡有一名頭目，叫做善御，他爲人慈悲，也有領導才能，深受大家的尊敬。某天夜晚，海神現身來警告他說：

「一個兇悍的傢伙正要謀殺你們，搶奪財產，你得用兩全其美的計策，一則不讓兇漢因殺生而下地獄受苦；另需保障大家的性命。倘若兇手殺人下地獄，永遠受苦受難，也是滿可憐的，你應救救他。」

善御從夢中驚醒後，左思右想，一籌莫展，很快地七天過去，他才有了計策：「看樣子，我只好先殺死那個兇漢了，這樣，他才不會因造殺業而下地獄。倘若我不殺他，以後他被五百名同伴憤恨殺死，反而會讓大夥兒一齊下地獄，飽受苦果。即使我殺他，造了惡業，要長期受苦報也很甘心。不然，又有什麼辦法呢？」

他又想：

「我採用這種大悲心的方便門，可使壞人不再造殺生惡業，更能使五百同伴安全返家，兩全其美。」

這位隊長果然本著慈悲心，結束了兇漢的性命，才能讓五百名商人安返國門。

這是不得已下的惟一和最好辦法，也是慈悲心的示現，寧可自己受苦，也不讓別人受苦，正是佛陀的教誡。表面上，善御殺人是一種惡行，但他的動機和出發點是善良的，而這種存心與行爲完全相反，係出自某種不尋常因緣，而不是正常情況，故不能用平常心論罪或行刑。

還有南傳佛教經典也有一段記述，佛陀當年曾用一則譬喻解說身業、語業和心意的關係。

一位母親經常大聲斥責孩子說：「你如果要上山，會被老虎跑出來把你吃掉。」只聽她直喊：「老虎呀！快來把這個不乖的孩子吃掉吧！」接著，母親舉手恐嚇孩子。

乍讀下，顯然母親有豐富的慈愛心，儘管嘴巴說些兇惡的話，或滿口斥呵，甚至要伸手打孩子。

總之，一切善惡行爲要用心意來決定，而這與耶穌上述不一樣。

佛陀在『佛說大方廣善巧方便經』也有一則教誡，指出先看一個人的表現，往往不能斷定他有不良企圖或壞心眼。有時只是權宜之計，其實要完成慈悲的目的——例如，下面故事：

有一位年輕的修行人叫做「光明」，前幾輩子有過四萬兩千年的清淨修行，不曾有什麼過錯，算是德高望重，令人讚嘆。某日，他來到一座王城叫做「神通」，剛巧城裡有一位姑娘名叫伽吒，從牆縫中看見「光明」的氣質超脫，頓生愛意，即刻走出城門，羞答答地走到他面前站住，光明奇怪地問她，說：「什麼事？」

「若能嫁給你做妻子，是我一生最大的期望。」

這樣不害臊的大膽吐露，倒令光明吃了一驚。他說：

「我修行清淨戒律，絕不能犯戒，你的厚愛恕難照辦。」

「你若不娶我，我會失望地死去。」

一般女人若眞心相愛，便說非君不嫁，否則寧可一死，可見她誠心愛上光明。

光明聽說她會尋死，不禁爲難起來。他想：

「在以往的四萬二千年裡，我始終嚴守戒律，修持清淨行；倘若我答應對方的要求，沈緬於愛慾，豈非違反了佛戒？還是眼不見爲妙，趕緊離開才對。」

他一下決心，便匆匆走開。誰知走了七步，又忍不住停下，改變念頭。

「我怎能見死不救，棄她不管呢？唉！我得拿出勇氣，即使破戒下地獄受苦也不在乎了。」

這時，他起了大悲心，始對她吐露了愛意。她聽了歡喜雀躍，彷佛一朵青春的鮮花正在開放。

光明和伽吒結婚後，生活幸福，過了十二年，光明又重修清淨行，力求精進，死後也能出生去梵天世界。

顯然，這是爲了救人而答應對方的求婚，縱使表面上犯戒，有了淫行，但也無可厚非，依當時的因緣只有答應對方，才能拯救對方，眞是不得已的救人方法。

總之，不能光看人一時的表現來判定對方一輩子的成績，不管好人壞人都不是永遠不變；同理，有時表面行徑也不能代表眞正的動機，例如，好話說盡或甜言蜜語，其實，心存惡意，總想消滅我們，所以要小心防範，否則有不堪設想的後果。有人即使一時起了壞心，表現欠佳，但也要有憐憫心和冷靜心，體諒他也許有不得已的苦衷和惡因惡緣，故要寬恕他，勸誘他。

27 兩人所見，南轅北轍

「你們祈求，就得到；尋找，就找到；敲門，就給你們開門。因爲那祈求的，就得到；尋找的，就找到；敲門的，門就開了……你們的天父豈不更要把聖靈賜給向他祈求的人嗎？」

（路加福音第十一章第一一五頁）

顯然，大衆只要祈求，天父就會賜予；只要向他尋找，天父也會給予；同理，只要向他敲門，天父也會替他開門。

換句話說，要什麼有什麼，只怕你不肯求他——天父。反過來說，若不求他，天父則什麼也不給。因此，雙方的互動建立在「求」與「給」的基礎上，而那位萬能的天父也住在遙遠的天界，跟地上人類恰好形成上下兩種極端的對立……。

然而，佛陀的見解跟這個完全相反，因爲祈求或尋找的對象都在自己身上，連那扇大門也不在外邊，統統暗藏在自己的心裡，所以不必向外界祈求什麼，或尋找什麼？甚至也不必向外面敲門，凡這一切只求自己就夠了。天父所擁有的特質，你我他天生就有啦，而且跟天父等量齊觀，不分彼此；他擁有多少，我們也擁有多少，且一分一毫也不會比天父差。毋寧說，我們的資質、能量和稟賦等統統都是與生俱有，跟耶穌所說的「天父」不是上下兩種對立差異，而是在相同的立足點上完全平等……。下面兩則例證都是佛陀的教誡：

㈠、**出自『法華經』第四**——有一天，一個窮漢去拜訪親友，接受熱忱的招待，喝得大醉，以至倒在座位上呼呼睡著了。剛巧那位親友有急事，必須要外出，眼看那個窮友睡得不醒人事，叫也沒有用，便把一顆價值連城的寶珠繫在他的內衣裡，然後匆匆離去。這個醉漢什麼也不知道，醒後便起身到外地去，依然過著狼狽潦倒的日子，每天都有三餐之虞。可笑的是，他始終不知自己衣服裡暗藏價值昂貴的寶珠。

後來，他在某地碰見當年那位招待他的親友，對方目睹他依舊衣服破爛，非常落魄的樣子，不禁吃驚地說：

「你這個傻瓜怎麼還爲衣食潦倒呢？我不是把一個寶珠繫在你的衣服裡嗎？我還以爲你生活得很舒服哩！如果你將它換成現金來花用，不就衣食無憂了嗎？眞笨，還不快去換成現金，買些食物和衣服回來！」

所謂「天生我材必有用」，每個人都有天賦或潛在的聰明才智，既不必羨慕別人，亦無須自暴自棄，更不必祈求天父，或拚命向外面找尋，只要努力開發己有的稟賦寶藏，好好活用，照樣會有成就。佛陀強調「眾生皆有佛性」，惟勤惟誠，認眞修行，大家都能成佛作祖，根本不亞於那位天父。讀者們啊！請你們珍惜衣服裡那顆寶珠，不必祈求天父也能活得很逍遙哩！

㈡、**出自『大般涅槃經』第八**——某地有一名窮婦人，家裡暗藏有黃金，可惜家裡大小沒有一人知曉。一天，一個陌生人上門來，對她說：

「我要僱一個人工作，請你來我家打工好嗎？」

「那怎麼行？不過，只要你能讓我的孩子看見金庫，我一定會去，並且什麼事也能幹。」

「既然這樣，我就先讓他們看看你家裡的金庫。」

「什麼？我家裡有金庫嗎？別開玩笑啦！要是有，我家裡怎會沒人知道，反而讓外人知曉？」

「我是無所不知的。」

「既然這樣，我也想瞧瞧眞相，那就請你指給我看啦！」

果然，那個陌生人走進屋裡，很快替她挖出金庫了，全家人驚喜交集，便忍不住熱忱招待這位陌生客了。

這就是「人人有佛性」，可惜大家都被貪婪、瞋怒、愚痴、傲慢、疑惑和各種邪見所覆蓋，才會一無所知自己身上有個金庫。因此，大家無需求助於任何人或天父，也不必向外界茫然去找尋，只要先破除內心那層濃厚的貪、瞋、痴、慢、疑與邪知妄念，便能耳根清淨，眼睛雪亮，身體健康，內心愉快……彷彿萬里晴空，一望無際了。

人生在世，難免要遇上無數的挫折，包括身體、感情、職業、家庭、交友，甚至生活上許多奮鬥都不會一帆風順，那麼，在這種情況下到底要祈求天父幫忙，還是由自己設法解決呢？姑且撇開宗教的信仰不說，何去何從，一切都可憑讀者們去判斷和選擇！故在心情極端沮喪之際，可別氣餒和忘掉佛陀的教誨——「自身有寶珠」和「自家有金庫」！要拚命挖掘才有得用。

28　來去一樣，何分彼此

㈠、耶穌說：「我還有些時間要跟你們在一起，然後要回到差我來的那位那裡去。你們要尋找我，但是找不著：因爲我要去的地方，你們不能去。」

（約翰福音第七章第一五八頁）

㈡、耶穌說：「你們是從地上來的，我是從天上來的，你們屬於這個世界，我不屬於這個世界。」

（約翰福音第八章第一五九頁）

顯然，耶穌和所有人類屬於不同來源，來自不同世界，當然死後也回到不同的領域去。而且，這兩個領域不可能來往或溝通，因爲一個在天上，而另一個在地上，形成天地之差，居高臨下，天上永遠高於地上，我們人類不能上天堂，除非聽上帝的話，以上兩句無疑是這樣解釋。

佛陀卻跟這個完全相反，因爲他是一個人，在證悟成佛以前，他也是云云衆生之一，有七情六慾和喜怒哀樂，屬於五蘊（色受想行識）和合的身軀。在成佛以前，也曾在六道——地獄、畜生、餓鬼、人、天、阿修羅——輾轉輪迴，而不是永遠生在天道與人道，有時也投生動物界，受制於自身的業力報應，而不像耶穌從天上來，死後也回到天上。關於佛陀證悟以前，例如，『雜寶藏經』卷有兩則說話，證明他曾經是一隻吉利鳥。大意如下──

某年，波羅㮈國境內有一位梵摩達王三申五令，不許百姓打獵為生。但是，飛禽走獸被殺害的情狀，仍舊屢見不鮮。原因是，一個獵人穿上仙人衣服去打獵，可惜沒有發覺到他。當時，一隻吉利鳥不時警告國內居民說：

「那個穿仙衣的獵人是個大壞蛋，因為他屢犯殺生的規矩。」

不久，吉利鳥的警告才逐漸喚起國王和居民的注意，然後才識破他的犯法行為。

那隻吉利鳥是現在的釋尊，而獵人是提婆達多。

再讀同部經典的另一則說話，釋尊也曾出生為龍王，生活在大海裡（『雜寶藏經卷第三）。大意如下──

某年，波羅㮈國有一個慈悲的大龍王叫做瞻蔔。牠經常選擇適當時期下雨，竭力讓五穀能夠豐盈，使民眾豐衣足食，生活幸福。同時，牠不時現出人形，修行五戒，喜歡布施弘法，成為世人的典範，並喚起民眾的菩提心，累積各種善業，行之多年，而又樂此不疲。

當時，南印度有一個婆羅門，很想捉住這隻大龍王來替本國人工作。一天，他便念唱咒文，施展咒力捉住了龍王。天神看見了，覺得茲事體大，即刻向波羅㮈國王詳述經緯，並警告國王趕快研究對策。

本來，國王一直感激龍王以往的善行，而今乍聞天神的警告，也覺事態嚴重，關係國家的存亡。於是，他下令大軍追回龍王，婆羅門知道有大軍追來，就唸唱咒文，迫使後面的軍隊動彈不得。結果，國王只好拿出大批寶物向婆羅門贖回那隻龍王。不過，婆羅門只是暫時放棄而已，並沒有完全死心。

不久，他又來波羅㮈國，想用咒文的力量捉住龍王，但被龍王的部屬知悉，馬上翻雲覆雨，閃電交加，計劃一舉消滅婆羅門。不過，龍王天性慈悲，反而勸阻部屬息怒，讓婆羅門安然回去。婆羅門兩次功敗垂成，但仍不改初衷，仍要逮捕龍王，結果潛入波羅㮈國去施展咒力，捉到龍王了。

這一來，龍王的部屬非常氣憤婆羅門三番兩次的惡行，就再而三要殺他，幸賴仁慈的龍王屢次庇護，才救了他的性命。

那隻龍王是現在的釋尊，婆羅門是提婆達多。

佛陀證悟之前也難逃輪迴之苦，不能永遠停在天道。他成佛之後，弘法四十多年，八十歲圓寂，才進人永遠寂靜與安樂的涅槃世界。但是，他跟耶穌的作風不同，絕對不會說：「我要去的地方，你們不能去。」反之，他終其一生東奔西走，用各種善巧方便教化衆生怎樣前往那個永遠福樂的涅槃境界？其間，再兇惡的人也能得到他的接引，諸如此類的例證不勝枚舉。甚至在他進入涅槃前的刹那，還耳提面命徒衆，前往那個世界的幾項秘訣，就是——

㈠、以戒爲師；㈡、依四念處安住；㈢、信賴自己。

結論是，他能去的世界，其他人也都能去，只要實踐以上的教誡，則不分貧富、種姓、性別和身份，大家一律平等。

所以，耶穌與佛陀的人世觀差別極大，對待衆生的喜惡態度完全不一樣，值得大家冷靜思辨，好好選擇自己適合的信仰。

29　預言能耐，各有千秋

㈠、人子將被交在祭司長和經學教師的手裡。他們要判他死刑，然後把他交給外國人。他們戲弄他、鞭打他，把他釘十字架；第三天，他要復活。

（馬太福音第二十章第三四頁，馬可福音第十章第七四頁）

㈡、人子必須遭受許多苦難，要被長老、祭司長和經學教師所棄絕。他將被殺害，但是第三天他要復活。

（路加福音第九章第一一〇頁）

㈢、我鄭重地告訴你們，你們當中有一個人要出賣我。

（約翰福音第十三章第一七〇頁）

㈣、你們這班僞善的經學教師和法利賽人要遭殃了……………一切殺害無辜的懲罰要落在你們身上……………直到你們在聖殿和祭壇之間所殺……的血債爲止……

……你們不是都看見這些建築嗎？這地方的每一石塊都要被拆下來……。

（馬太福音第廿三、廿四章第四二—四四頁）

耶穌不僅能夠準確地預言自己未來的災難和下場，也能預知別人和景物的結局。依現代人看，這是非比尋常的能力，不過，佛陀也有這種本事，佛經記載許多這方面的故事：預測自己和別人全都很應驗，因爲他有預知過去與未來的神通，洞悉衆生三世因果的情況，所以能一語道中諸般變化。

釋尊八十歲那年，結束了夏安居生活，前往毘舍離教化，途中，他曾對阿難說：「這個世界眞美麗，人生也眞甜蜜。」乍聽下，這是他死前的感觸。原來，他以臨終的眼光眺望世間，回首前塵，不禁有感而發，流露出這句話。

當釋尊要告別毘舍離的時候，環視一下周圍，也忍不住說：「阿難呀！這恐怕是我最後一次看看毘舍離了。」

他冷靜地預知自己每一時刻正在接近入滅時間，但他絕不會感傷地說：「這是最後一次。」反而以超脫的眼神眺望遙遠的天邊，而頓覺其間含有無限優美，之後誠懇地發出肺腑之言。

他在毘舍離告訴徒衆自己行將去世。他說：

「諸般事象皆已去矣，諸位要努力修行，三個月後，我要入涅槃。」接著說：「我的年紀大了，生命也快結束了，我要離你們而去矣。我已經皈依自己了，諸位要勤奮修行，好好守戒，並攝定自己的心。只要肯守法守戒，就能脫離輪迴，結束永遠的苦惱。」

這是釋尊預言自己要離開人世的記載，無悔無怨、不悲不憂，非常理智又富感性，臨終之前不忘告訴徒衆怎樣永遠解脫，眞是慈悲感人。再讀『六度集經』有一段文字，提到釋尊如何預言一群殘忍衆生的下場？大意如下：

琉璢王率兵攻打釋尊的祖國迦毘羅衛城，燒殺搶奪，非常殘暴，阿難十分不滿他們的作風，便請示釋尊說：

「爲何不出來拯救釋迦族的百姓們呢？」

釋尊答說：「阿難呀！釋迦族人的宿業可以從此消失了，有一天琉璃王會受到惡報。七天後，地獄鬼卒會用火來處罰琉璃王和他的人民，那時，無人能夠拯救他們的罪業……。」

釋尊的預言不知怎地會傳到琉璃王那裡，於是，琉璃王召集群臣商討自救的方法。最後有人建議，只要逃到水裡就不怕火燒了。這一來，大家紛紛趕到海邊等候搭船了。然而，船卻擠不下那麼多人，只好留下一群老弱貧困者在岸上。

船隻航行不久，水裡忽然起火燃燒，將整隻船燒成灰燼了。總之，他們的下場全都被釋尊事先料得沒錯。

30 博愛慈悲，範疇不同

㈠、凡實行上帝旨意的人，就是我的兄弟、姊妹和母親。

（馬可福音第三章第六一頁）

㈡、那些聽了上帝的信息而實行的，就是我的母親和兄弟。

（路加福音第八章第一〇七頁）

㈢、你們要記住，凡不像小孩子一樣來接受上帝主權的人，絕不能成爲他的子民。

（馬可福音第十章第七三頁）

第一、第二句都是肯定和正面的語氣，如果加上一個否定的「不」字，就等於第三句了。換句話說，只要對上帝百依百從，照令行事，就能成爲上帝的親人，否則，就會被看作外人。

誠如馬可福音第十二章所說：「你要以全部的心志、情感、理智和力量愛主——你的上帝……。」就這麼簡單一句話，上帝即是眞理，但那位上帝住在天上，那麼，聽他兒子耶穌的話也行，誠如馬可福音第九章所說：「這是我親愛的兒子，你們要聽從他。」他即是耶穌，沒有別人。

㈣、上帝所差遣的那一位傳講上帝的話，因爲上帝無限量地把聖靈賜給他。父親愛他的兒子，已經把萬有交在他手中。信兒子的，有永恆的生命；不信從兒子的，不會有眞生命，而且上帝的懲罰永不離開他。（約翰福音第三章第一五〇頁）

世人耳熟能詳耶穌宣揚博愛，其志可嘉；若從以上幾段話看來，耶穌的博愛對象非常有限制，一定要相信上帝，信受耶穌的話才能得救、得到愛顧；否則，不但沒有眞實和永恆的生命，而且會被上帝懲罰，不禁讓外教徒懷疑這種愛心雖然博大和寬闊，終究有所分別，也不會一視同仁。

表面上，博愛很像佛陀的「慈悲」，其實不一樣。毋寧說，「慈悲」遠比「博愛」的範圍寬大多了，對象也多到無邊無量，根本不是耶穌的博愛所能比擬。換句話說，不論範疇和對象，比起慈悲，博愛是望塵莫及。詳情解釋於下：

「慈」是慈愛衆生，並給與快樂；「悲」是同感其苦，憐愛衆生，並拔除其苦。佛陀的悲是以衆生苦爲己苦之同心同感狀態，這叫「同體大悲」。他的悲心廣大無盡，故叫「無蓋大悲」。

根據『北本大般涅槃經』卷十五記載，慈悲有三種——

㈠生緣慈悲：觀一切眾生猶如赤子，而予樂拔苦，但這是凡夫的慈悲。那麼聲聞、緣覺，菩薩等最先的慈悲都屬於這一種，故叫做「小悲」。

㈡法緣慈悲：開悟諸法乃無我之眞理所起之慈悲。這是阿羅漢及初地以上菩薩的慈悲，又叫做「中悲」。

㈢無緣慈悲：遠離差別之見解，也無分別心而起的平等絕對之慈悲，這是佛陀才具有的「大悲」，根本不是凡夫、二乘等所能生起，所以也叫「大慈大悲」。

請讀下面兩句經文，便知佛陀的「大慈大悲」是如何意義？

㈠『觀無量壽經』說：「佛心者，大慈悲是。以無緣慈，攝諸衆生。」

㈡『大智度論』卷二十七說：「菩薩大慈者，於佛爲小，於二乘爲大，此是假名爲大。佛大慈大悲，眞實最大。」

再從『金剛經』一句話也能發現佛陀的大慈大悲，普渡天下衆生絕對一視同仁，怨親平等。那就是：「凡所有種類的衆生，例如，卵生、胎生、溼生、化生、有色、無色、有想、無想、非有想、非無想……等等，我發心要統統教他走入佛的不生不滅境界，使他們都能滅去一切煩惱，跳出生死苦海。」

難道這不能證明佛陀的慈悲對象、範圍和程度等遠遠超過耶穌的「博愛」嗎？

何況，博愛對象只限於人類，而且限於相信上帝的少數人。

佛陀的慈悲不僅限於現在一世，從世人當初有了迷惑，而轉動輪迴那天開始，直到未來，佛陀的慈悲也永無休止，除非證悟了涅槃。

佛陀修行成道後，便立下四大誓願，其中一項是「衆生無邊誓願渡」，可是他爲一切衆生的幸福著想，就是大慈大悲心。

關於這一點，不妨用『法華經』一則說話來譬喩，也許更能讓大家領悟佛陀大慈大悲的含義吧！它的大意是——

一開始天邊只有一撮烏雲，但它很快掩蓋天空，遠處傳來隆隆的雷聲，充滿濕氣的雨雲，重得好像就要掉下來；頃刻間，大雨傾盆而下，地面濕透，沒有了灰塵，只見人們、樹木、田野、山峰，到處生氣洋溢，呈現新生的顏色。深山、河畔和幽谷裡各種雜草與藥草，大小樹木，各類樹苗、甘蔗和葡萄果類，全部受到雨水的滋潤。雨水因應大地萬物各自的需要量，不分大小，分別讓它們都能得到適度的發育與成長，眞是皆大歡喜。

佛陀的慈悲彷佛這一陣大雨，對待天下萬物一視同仁，同樣愛護，無疑跟耶穌的博愛有天淵之別，甚至像小巫見大巫，不能同日而語了。

31 謙卑美德，兩人共識

門徒問耶穌：「在天國裡誰最偉大？」

耶穌叫了一個小孩子來……說：「我實在告訴你們……像這個小孩子那樣謙卑的，在天國裡就是最偉大的。」

（馬太福音第十八章第三〇頁）

耶穌明示徒衆要成爲天國的子民，就要學習謙卑，不要傲慢，佛陀也把傲慢看作人生的煩惱之一，妨礙解脫，非常要不得。傲慢是一種心病，喜歡比較自己與他人之高低、勝劣、好惡等，不自覺生起輕蔑他人的自恃心。

傲慢有許多種類，『俱舍論』列舉以下七慢：

(1)慢——對於比自己差些的人，總想自己比較殊勝；而對與自己同等的人，也會心起高慢。

(2)過慢——對與自己同等的人，硬說自己勝過對方；對於勝過自己的人，亦偏說對方與自己一樣。

(3)慢過慢——對於勝過自己的人，起相反的看法，認爲自己勝過對方。

習。

(4)我慢——執著我，以爲所有人皆不如我；凡自己所有都比別人要高上。

(5)增上慢——尚未證得任何果位或殊勝之德，而自己認爲已經證得。

(6)卑慢——對於極優越的人，卻認爲自己只差別人一點點，不肯向別人虛心學習。

(7)邪慢——無德而自認爲有德。

『法句譬喻經』有一則佛陀的說話非常有警惕性，大意是——

有一位長老婆羅門才智過人，貢高自大，擁有五百個徒弟。他經常以鐵葉護住胸腹，有人問他什麼緣故？他說：「我怕智慧多得溢出來。」眞是傲慢得很哩！

某日，他聽說佛陀出世，敎化衆生，頗爲成功，便很嫉妒和不安。於是，他率領徒衆想去考一考佛陀，要讓佛陀當場出醜或認輸。

他來到祇園精舍看到佛陀的威光赫赫，不禁喜懼交集，馬上禮拜佛陀，之後問說：「什麼是道？什麼是長老？什麼是端正？什麼是沙門？什麼是比丘？什麼是仁明？什麼叫有道？什麼叫奉戒？若能解答，我就願意皈依你。」

只聽佛陀立刻作偈答說：

「常愍好學，正心以行，唯懷寶慧，是叫做道。
所謂智者，不必辯言；無恐無懼，守善為智。
所謂老者，不以年耆；形熟髮白，蠢愚而已；
謂懷諦法，順調慈仁；明達清淨，是為長老。
所謂端正，非色如華；貪嫉虛飾，言行有違；
謂能捨惡，根源已斷；慧而無恚，是謂端正。
所謂沙門，不必除髮；妄語貪取，有欲如凡；
謂能止惡，恢廓弘道；息心滅意，是謂沙門。
所謂比丘，非持乞食；邪行望彼，稱名而已。
謂捨罪業，淨修梵行，慧能破惡，是為比丘。
所謂仁明，非口所言；用心不精，外順而已。
謂心無為，內行清塵；此彼寂滅，是為仁明。
所謂有道，非救一物；普濟天下，無害無道；
奉持法者，不以為言；雖素少聞，身依法行；
守道不忘，是為奉法。」

這位長老婆羅門及五百門徒聽後，滿心歡喜，立刻領悟，再也不敢妄自尊大，紛紛皈依佛陀了。

同部經又有一則說話——某年，釋尊住在拘睒尼國的美昔精舍，一名智能卓越，勤研經典的出家人。他平時自誇天下無雙，見多識廣，故連白天也高舉火把，到處邊走邊說：

「天下人全是愚痴，枉有一對眼睛也看不到東西，我只好高舉火把來指引大家了。」

街上行人聽了雖然心有不甘，卻無人敢答辯。

佛陀深知他有深厚的善根，才有這種本事，但若這樣狂妄下去，目中無人，必然自毀前途。他忘了無常之道，只愛沽名釣譽，日後也會下地獄。佛陀很憐憫他，便化身一位賢人坐在街頭等候他來。不久，對方走前時，賢人問他說：「你既然是一位智者，不知懂得『四明法』嗎？」

對方坦率說不懂，賢人便指責他說：

「你既然不懂，我來說給你聽好了。所謂四明法者，第一要通曉天文地理來調節四季。第二要明白星座位置，分辨布施、持戒、忍辱、精進與止觀等五行。第三要懂得治國，安撫民心。第四要知曉兵法，保衛祖國安全。你既然是出家人，怎麼連這個也不懂呢？」

對方一聽立刻丟下火把，滿臉通紅伏拜在地上說：

「我的智力阻塞，心思困頓，不懂的事情還很多。」

佛陀知道他痛改前非，迷途知返，才現出莊嚴法相，作一首偈語開示他說。

「稍有些知識和見聞，便擅自對人炫耀，

彷佛點燈火的瞎子，只照亮外界，而內心一片黑暗。

你是世上最矇混的人，手持火把想照亮一個大國，其實微不足道，只配做一粒塵埃。」

之後佛陀又爲他說法，才使他開悟證道了。

俗話說「一山比一山高」、「能人背後有能人」，旨在強調人要謙恭，才有益自己。耶穌與佛陀所見相同，可知兩位偉大宗教家的共識錯不了，大家不妨信受奉行，終身會有受用。

32 他力自力，完全不同

㈠、「你在禱告的時候，要進你的裡間兒，關上門，向在隱密中的天父禱告。那位看見你在隱密中做事的天父一定會獎賞你。……在你們祈求以前，你們的天父已經知道你們所需要的。因此，你們要這樣禱告：

我們在天上的父親，願人都尊崇你的聖名；

願你在世上掌權，願你的旨意落實在地上，如同在天上一樣。

賜給我們今天所需要的飲食，饒恕我們對你的虧負，正如我們饒恕了虧負我們的人。

不要讓我們受艱難的考驗，救我們脫離那邪惡者的手。」

（馬太福音第六章第十頁）

㈡、「只有靠禱告才能趕走這種鬼，此外沒有別的方法。」

（馬可福音第九章第七二頁）

㈢、「你們在這裡坐，等我去禱告…………他（耶穌）走前幾步，俯伏在地上，祈求上帝說，若是可以，不使他經歷這種痛苦。他祈求說：『阿爸，我的父親哪，你凡事都能，求你把這苦極移去，可是，不要照我的意思，只要照你的旨意。」

（馬可福音第十四章第八三頁）

㈣、耶穌為門徒禱告……

（約翰福音第十七章第一七五頁）

顯然，禱告是一種「他力」的依賴，這一點不同於佛陀的「自力」主張，凡事都靠自己，所謂自力自得，或自負因果，只要是自己種的因，就要靠自己去負責，求上天或佛菩薩都沒有用。

佛陀所謂「三不能」，其中一項正是不能逃避果報，自己種的惡因，機緣成熟，必定自食惡果，求誰也幫不上忙，這是佛陀最強調的一點，也是他從凡夫修成佛道的見證。從佛陀傳得知他最初投師學習禪定，之後失望離去修苦行，六年後一無所得，便靠自己證悟成佛了。其間，他不曾求助於人與天，更不曾禱告過什麼？世間一切現象都不離因緣果報，如此而已。

佛陀強調衆生皆有佛性，只要自己肯去精進修行，最後也能成佛作祖，跟他一樣進入涅盤，永遠脫離輪迴之苦。佛教徒耳熟能詳佛陀在涅盤前夕，在波羅雙樹下再三告訴阿難說：

「阿難呀！你們應該以自己爲洲，依靠自己，不要依靠他人；以法爲洲，依靠法，切勿依靠其他。」

他將自己的覺悟、成就及造詣，完全歸功於自己的努力與根性，任何人只要肯發願努力，都有成佛的潛力。人是自己的主宰，在自己上面再沒有更高級的生靈或力量能夠裁決他的命運。他訓誡徒衆自作皈依，以法爲師，而那個法即是因緣法。

巴利文『法句經』第二十章說：「工作必須靠你們自己去做，因爲如來只能教你們該走的路。」有人稱佛陀爲「救主」，其實，他只是發現並指點我們解脫的人，但要得到眞正解脫，還得需要自己去實踐。

耶穌動不動祈求天父，或向上帝禱告，依佛陀看來，凡事但求自己，俗話說「求人不如求己」，意謂只有自己最可靠和最穩當。南傳『法句經』正是佛陀關於這方面的心聲，敬請讀者們仔細體會。我只列舉以下幾句話做參考：

如人知道愛惜自身，應該善保自己。

賢者在夜間的三分中，一分（指初夜分）應該覺醒。（一五七）

人要先調正自己，然後應該敎誨人，

賢者這樣做，才會沒有煩惱。（一五八）

教誨他人，應如自己所行，

制御得住自己，才能制御他人；制御自己最難。（一五九）

自己爲自己所皈依，怎可以皈依他人？

自己能制御自己，是獲得最難得的所依。（一六〇）

自己作的罪惡，因由自己生，自己發起，如罪惡壞愚人，毀金剛破碎寶石。

（一六一）

破戒的人，如蔓藤纏覆沙羅樹，自己這樣做，爲仇敵所希望。（一六二）

邪惡見解的愚人，誹謗應受禮敬者，聖者，正法行者的教誨，結果自取毀滅；

如迦他迦（蘆葦）的果實，自己枯死。（一六四）

自身作惡，自身污穢；自身不作惡，自身清淨。清淨或不清淨全由自己，別人不能爲他清淨。（一六五）

利益人的事雖如何重大，不可廢棄自己的責務；知道自己的責務，應該常常專心自己的責務。（一六六）

以上每一句都有「自己」，可知佛陀重視「自我」的旨趣，而從不告訴徒衆需要祈禱什麼？

33 有無權威，差別所在

㈠、耶穌講完了這些話，群衆對他的教訓都感到十分驚奇，因爲耶穌跟他們的經學教師不同，他的教訓帶有權威。

（馬太福音第七篇第一二頁）

㈡、人子在地上有赦罪的權。

（路加福音第五章第一〇一頁）

㈢、耶穌轉向那女人，對西門說：「你看見這個女人嗎？我來到你家，你沒有給我水洗腳，她卻用眼淚洗我的腳，並且用她的頭髮擦乾。你沒有用接吻禮歡迎我，但是她從我進來就不停地親我的腳。你沒有用油抹我的頭，她卻用香油抹我的腳。我告訴你，她所表示深厚的愛，證明她許許多多的罪都已經蒙赦免了。那少得赦免的，所表示的愛也少。」

耶穌對那女人說：「你的罪都蒙赦免了。」

於是同席的人心裡想：「這個人是誰？居然赦免人的罪。」

（路加福音第七章第一〇六頁）

㈣、我要指示你們該怕的是誰？你們要怕那位奪走人的生命以後，又有權把他投入地獄的上帝。

（路加福音第十二章第一一八頁）

耶穌的權威根據神道，即是聖靈、天父和上帝的化身與縮影，最先會醫治各種疑難雜症，例如，被鬼附身，癲癇的、癱瘓的病人都被他一一治好，致使許多人跟隨他，崇拜他的神秘醫術，而這種權威跟佛陀領導的教團，甚至引人崇敬的基礎完全相反。

毋寧說，佛陀自始至終，從第一次弘法開始，直到八十歲圓寂為止，都沒有享受過一天的權威，不但自己反對權威，也開示衆生不要被權威牽著鼻子走，因為權威不代表眞理，亦不是智慧。他既無教團上的統治權威，亦無思想上的領導權威，任何人都可作自己的權威或主宰，眼裡根本沒有神的權威或旨意。

例如，有一次佛陀來到憍薩羅國的一個小鎭——羈舍子，鎭民的族姓是迦摩羅，乍聞佛陀蒞臨，都來拜見他，並且很疑惑地問佛說：

「世尊，有些梵志和出家人來到羈舍子，只會弘揚自己的教義，而輕蔑、非難、排斥其他教義。然後又來了其他的梵志出家人，也同樣在解說和弘揚自己的教義，而輕蔑、非難和排斥其他教義。但是，這卻使我們懷疑和迷茫了，到底在這群可敬的梵志出家人裡，誰說的才是眞實話？誰在說妄語呢？」

佛陀很嚴肅地開示他們說：

「迦摩羅人啊！你們的懷疑和迷茫都沒錯，對於任何可疑的事都應該懷疑。你們千萬別被流言、傳說及耳食之言所左右，也不可依據宗教典籍，或單靠論理、推測；也不可單靠事物的表象，也不可由溺好靠揣測而得的臆見，不可因某事物之似有可能而信以為實，也不可作如此想：『他是我們的導師』。迦摩羅人啊！只有在自己確知某事是不善、錯誤、邪惡的時候，你才可以革除他們……當自己確知某事是善良的、美好的，那時你再信受奉行。」（巴利文『增支部經』第一一五頁。）

還有『中阿含』第一八六『求解經』上也說，佛陀甚至告誡徒衆，連如來（佛）本身也須要審查，這樣才能充分相信自己所追隨那位師尊的眞正價值。

換句話說，佛陀反對盲信，任何思想或觀點的對錯全靠自己去判斷，而不必盲目服從誰的指導，對方不是權威，不必一味相信對方都是對，或是眞理的化身。

在釋尊入滅前不久，他告訴阿難說：「我不以為自己是僧伽的領導者，或認為所有比丘都要依賴我；因此，我死後，並沒有道理由我來指定僧伽的繼承人。」

沒錯，釋尊圓寂前始終沒有指定誰是繼承人，因為他始終不以為自己有權來決定這件事，尤其證悟佛道不需要權威人士來教導，只要依法而不依人呀！

釋尊開始擁有五十六位阿羅漢組成的僧團時，過著和樂的修行生活。其間，沒有主從關係存在，亦沒有誰支配誰的現象，諸徒眾都以佛陀為信仰中心，但佛陀只自認為僧伽的一份子，不以領袖自居，更拒絕弟子對他有特別待遇，他沒有任何權威。他只提示「法味同受」、「財利共享」的原則。弟子敬仰佛陀為大師，大師的一言一行不但可作弟子的範楷，也能信受奉行。『金剛經』開宗明義一段話很明白，倘若釋尊有權威就不必如此了。那句話是：

「當時快要吃午飯了，佛穿上袈裟，手持裝飯的鉢，走進舍衛城，挨家挨戶去行乞。乞化完回到原地，吃完了飯，把衣鉢收起來。洗乾淨了腳，舖好座位坐下。」

這是多麼平實的作風，毫無獨裁或權威者的架子。

婆羅門教規定信徒接受傳統與權威，對於教條不容置疑。耶穌也一樣不容信徒懷疑他的福音是否正確？是否眞正來自天父之口？依據巴利文中部經第九十五經記載，佛陀時代有一個名叫迦婆易伽的婆羅門教徒，年僅十六歲，是公認的聰明人，有一次，他向佛陀請教一個問題：

「可敬的喬達摩啊！婆羅門教的古聖典是歷經多少聖哲口口相傳，直到今天從未中斷，關於這個，我們有一個絕對的結論：『只有這才是眞理，餘者皆是假法。』不知您對這一點有什麼意見呢？」

佛反問說：「在婆羅門教徒中，有沒有一個人敢說他已經親身確知確見：『只有這才是眞理，餘者皆是假』呢？」

那個年輕人實話實說：「沒有。」

「那麼，有沒有一位婆羅門教師，或教師的教師，這樣向上追溯到七代，甚至追溯到婆羅門經典的原作者，曾經自稱已知已見『只有這才是眞理，餘者皆是假』嗎？」

「沒有。」

「那麼，這就像一隊盲人，每一個都抓住了前面的人。第一個看不見，中間的看不見，最後的也看不見。這樣，依我看來，婆羅門教徒的情形與一隊盲人相彷。」

如衆所週知，『吠陀』這部婆羅門教徒心目中的金科玉律，具有神聖不可侵犯的絕對權威，沒有一個婆羅門教徒不把它看作唯一的眞理，而今被佛陀當面解析，那位年輕的迦婆易伽也覺得有道理，慚愧自己一直不敢懷疑它，所以，佛陀開示他說：

「凡執著某一事物（或見解）而藐視其他事物（見解）爲卑劣，智者叫這個爲桎梏（纏縛）。」

可見佛陀絕對不認爲誰有權威，或誰能主宰別人的思想觀念，當然，他也反對教條，和任何不確實的邪知邪見了。

再說佛陀成道第九年，亦即佛壽四十三歲那年，佛陀及一群徒衆住在拘睒彌城外的瞿師羅園過夏安居，有位比丘做錯事而不自知，持律比丘發現後，便在大庭廣衆前列舉他的罪狀，不料，對方高聲抗辯說：「我沒有犯錯，你舉罪不成，你是非法舉發，不能做成羯磨。」

這一來，大群比丘分成兩派，有些站在舉罪的一邊，而有些站在被舉那邊，雙方不能調和，且互相爭執起來。佛陀獲悉後，便來勸說雙方要忍讓，更不可謾罵指責。同時，藉這個因緣將雙方聚集一堂，講解長壽王本生的故事，告誡大家應該息諍，一味堅持己見，不能解決問題，何況大家都想求解脫，怎能像俗人一樣作無聊的爭鬥呢？接著，佛陀告誡他們說：

「汝等出家爲道，同一師、同一學，如水乳合，利益佛法安樂住。止！諸比丘！莫共鬥諍，共相謾罵、誹謗、互求長短。和合莫共諍！同一師學，如水乳合，利益佛法安樂住。」

不料，他們不但不接受佛陀的慈悲勸解，反而大膽對佛說：「世尊！你老人家但自安在，這是我們之間的事。你老人家是大法王，不必問這些事，我們的鬥爭，讓我們自己來處理。」

佛陀看他們無可理喻，就默默離去，獨自到般那曼闍寺林，在村人架設的茅舍過夏安居了。

走筆至此，讓人無限動容的是，貴為人間尊師的覺者，在自己的僧團裡照樣沒有權威，或像君王一樣擁有至高無上的指揮權與處罰權。

34 因果雖沒錯，不是不會變

荊棘不能結葡萄，蒺藜也不能結無花果。好樹結好果子；壞樹結壞果子。好樹不結壞果子；壞樹也不結好果子。不結好果子的樹都得砍下，扔在火裡。

（馬太福音第七篇第十二章）

乍見下，這句話不會錯，佛陀雖然不反對，卻有更周延的解說。佛陀強調世間一切都不離因緣果報，既然種下荊棘或蒺藜的種子，只要給予充分的陽光、肥料、水分和照顧，最後都會長出荊棘和蒺藜。同理，沒有播下葡萄或無花果的種子，縱使有充分的陽光、雨水、肥料和人工照顧，最後絕對不可能長出葡萄與無花果。換句話說，有果必有種子，要收什麼果，必先播下什麼種子，之後給予適當的助緣，就會收穫好結果。倘若不撒下任何種子，縱使得到很好的外緣，也不可能萌芽和結果。栽什麼樹，就結什麼果，眞是天經地義，千古不變的定律。

早在佛陀出世以前，這條眞理就已經存在，可惜一般人不注意，所以，這條定律不是佛陀「發明」的，而是佛陀發現的，彷佛牛頓發現萬有引力一樣，早在牛頓誕生以前，宇宙間就已經存在這條定律。所以，那也不是牛頓發明的，而是他具足因緣——有豐富的物理學知識爲「因」，被一顆蘋果擊中頭頂爲「緣」——才會恍然悟出萬有引力這個果來。

人世間也一樣，種善因就能得善果，種惡因必然得惡果，絲毫不變；如果尚未顯現那種果，只表示緣份尚未具足，亦即時機尚未成熟而已，絕對不是沒有果報。例如，『生經』有一則說話可作見證：

某地有一隻大海龜，順著汪洋大海的浪潮四處遊玩。有一天玩累了，登上陸地，曬著暖和的陽光優閒地休息。這隻海龜甲的長寬各達六十里，卧在陸上的姿態，看來倒像一塊大丘陵。

這時候，有一團五百人的大商隊，聚集於此過夜，車馬和幾千頭六畜，全都在龜甲上休息。他們忙著燒飯、砍柴、升起了火。不料，這可讓海龜受不了。

海龜覺得背部十分熱，忍無可忍，只好移動身體，跑到海裡。商人們發覺海水逐漸湧向丘陵，悲哀地叫嚷，可惜無路可逃，海龜也叫苦連天，不得不潛入海裡，五百名商人和幾千頭六畜，就這樣全都淹死了。

顯然，那隊商人自食惡果，把海龜燒得受不了才潛入海裡。由此讓我們得到一項最好的啓發，倘若人類肆無忌憚破壞地球的生態環境，例如，破壞臭氧層，忽視水土保殖、濫伐森林，無休止地殘殺……也遲早會像海龜一樣，人類會嚐到惡果。總之，種因必得果，或有果必有因。

還有『摩訶般若波羅密經』也有一則短話：

有一個漢子手上拿著一個泥瓶、走到河邊去裝水。不料，這個泥瓶馬上就被水溶掉了。原因是他在製造這個瓶子時，未曾用烈火好好地燃燒過，倘若他改用陶瓶就不會有這個問題。

可見成功任何一件事，都必須經由「烈火」般的歷煉，所謂「不經一番寒徹骨，焉得梅花撲鼻香。」當如是也。

但是，佛陀強調因緣不是永遠不變，反而時刻在變化，即是因因緣緣，刹那之間都在變。一個壞人當然是因爲作惡多端，或因壞朋友唆使，或因現實條件逼迫才會變成壞人，但是，壞人不表示永遠是壞人，或一輩子執迷不悟，自甘墮落。倘若碰到好人勸導，或環境改善，也可能讓他痛改前非，重新作人。所以，不能表面或眼前看他胡作非爲，就斷定他永遠是壞人，便把他判死刑，或不接受他的存在；反之，佛陀主張要勸導，給他有機會學好，盡量提供他善緣，只要他肯一念向善，有了慚愧心改正昔日的邪行，那麼，佛陀照樣收容他、讚嘆他，這就是佛陀的慈悲教育，所謂天下沒有無可救藥的人，即使碰到壞人也不放棄教化的機會，而不像耶穌主張：「不結好果子的樹都得砍下，扔在火裡。」倘若施以最好的肥料，更換最好的土壤，澆足水量，並有適宜的光線或空氣，也許可使那棵樹改頭換面，或脫胎換骨，再長出好果子也說不定，那又何必要砍掉它呢？何不給予不同的助緣善緣呢？這可以說是耶穌與佛陀的不同人性觀吧？

以下兩則膾炙人口的佛經記載，可以詮釋佛陀這方面的主張和慈悲的證明。

㈠、『**賢愚經**』**第十一**：大意說：舍衛國波斯匿王有一位聰明的大臣，生下一個兒子健康可愛，取名為「無惱」，長大成人時可以力敵萬人，剛巧國內有一位婆羅門博覽三經、通熟五典、見多識廣，門生有五百人。無惱就拜他為師，而對方也樂意教育他，結果很短期間內，使無惱通曉了各門學問。不料，婆羅門的妻子暗中愛上無惱，不時藉機向無惱吐露心事，誰知無惱始終不動心。

一天，剛好波羅門因故外出，他的妻子就百般勾引無惱，誰知無惱堅決拒絕說：

「私通師母是違背婆羅門法，我寧死不犯違反人倫之罪。」

師母老羞成怒，便暗中計謀。她等到丈夫回家，便捏造一篇故事給他聽，當然，婆羅門十分憤怒，夫妻開始想出一條毒計要陷害無惱。一天，婆羅門欺騙無惱說：

「你若能在七天內，斬殺一千個人頭，取下一千根手指來做假髮，那麼，梵天會很讚嘆你的行爲，讓你死後投生到梵天去。」

無惱不相信，婆羅門言語嚴厲說：「你若不信，師生情份就到此結束。」

之後，老師一面念咒語，一面丟一把刀在地上。無惱果然惡心生起，撿起利刀，坡頭散髮，好像惡鬼一般，跑進城去不分男女老幼，逢人便殺，同時砍去對方一根手指。市民驚慌之餘，叫他指鬘，七天內殺了九百九十九人，也得到死者的手指。居民躲在家不敢外出，但他的母親念子心切，便拿著食物來給兒子。誰知無惱看見母親，竟也要殺她，而母親爲了滿足兒子的惡願，也有意給他一根手指，正在此時，佛陀出來敎誡無惱說：

「你被惡師邪敎騙了，顚倒自己的善心、竟敢晝夜殺人，造了無邊重罪，自己怎不明白呢？」

被佛陀一說，邪心才如煙消雲散，懊悔前非，跪在佛前。佛陀爲他說法，恢復他的善心，而他也央求佛陀寬恕，且要佛陀收他做弟子。佛陀果然答應了。

㈡、『涅槃經』第十七、十八：大意是——

王舍城有一位阿闍世王，本是摩竭陀國頻婆娑羅王的兒子，年輕時被一名壞朋友叫做提婆達多的唆使，不久殺害父王，接著又想殺害母后韋提希夫人，幸蒙一位賢臣叫耆婆出來勸阻，才中途作罷。尤其在耆婆接引下拜訪佛陀，剛好佛陀住在娑羅雙樹，結果，佛陀給他說了一篇很精彩而生動的教喻：

「人在內心狂亂之際，不論做了什麼惡業，不能立刻判定他有罪。因爲你想做國王的貪慾太深，才去殺害父王，所以不算犯罪。例如，醉漢殺母，待他醉醒後，一定會懊悔萬狀。因爲酒醉後的行爲，不是本心在造業，故不算犯罪。同理，醉漢弒母亦無罪。例如，魔術師擺出男、女、象、馬、瓔珞、衣服等物讓大家看，只有傻瓜才把它當眞，而聰明人就知道那不是眞實。殺害行爲也如此，凡夫只看到結果，就認爲千眞萬確，而諸佛不一定這樣看待……

傻瓜聽到山谷的迴音，認係眞實的聲音，智者卻不以爲然。關於殺法、殺業、殺者、殺果與解脫方面，我都明白眞相。大王的情形也不算有罪，譬如一群小偷目睹太陽一出便去偷竊；夜晚一有月光又去行竊，直到日月沈落才停止，試問太陽、月亮這樣縱容盜賊，算不算犯罪呢？

涅槃者，既非有，也不是無；同樣地，殺罪既不是有，也不是無，但卻可以說有。意思是，對於肯愧疚的人來說，殺罪是無；反之，對於不知愧疚的人而言，殺罪則有。……我們的心常常是不定的，倘若殺死常常不定的東西，就能得到常住涅槃。離了苦，就能得樂；離空，就能得實；去我，即能得眞我。如果有人離了無常、苦、空和我，他就跟我一樣是佛了。我也是殺了無常、苦、空、和無我的罪人，但卻不墮地獄。所以，不會有讓你單獨下地獄的道理。

阿闍世王聽了才安心說道：「如果我早知此事，恐怕也不會惹出大禍，所以，我深恨自己的愚蠢……倘若我沒有機緣遇到您，我會永遠飽嚐苦楚。」

這兩則故事勾勒出佛陀主張惡因不能得善果，善因也不會得惡果，這跟耶穌的福音沒有衝突。但是，佛陀最殊勝和最慈悲的一點，就是不完全或馬上看結果而判定好壞與善惡，而不讓人有愧疚反省，及重新做人的機會。做錯事肯反省，肯改過，也能脫胎換骨，洗心革面，此即「放下屠刀，立地成佛」的詮釋。

反之，如果做錯事，又肯愧疚，而得不到社會的容納和衆人的見諒，則有失慈悲的意義，對當事人實在太殘酷，想改過自新都沒有機會，顯然不公平、不理性。

35 傳教治病，界限分明

「耶穌走遍加利利全境……治好民間各樣疾病……例如，被鬼附身的、癲癇的、癱瘓的，都帶到他跟前來，他一治好了。成群的人從加利利、十邑、耶路撒冷、猶太，和約旦河對岸一帶來跟隨他。」

（馬太福音第六－七頁）

「西門的岳母正發高燒，躺在床上，耶穌一到，他們就把她的病情告訴耶穌。耶穌去看她，拉著她的手，扶她起來。她的熱退了……有好些人把害各種病和被鬼附身的人帶到耶穌跟前來，全城的人也都來了，聚集在門前。耶穌治好了許多患各種病症的人，也趕走了許多鬼。他不准鬼說話，因爲鬼都知道他是誰。」

（馬可福音第一章第五七頁）

「……許多患各樣疾病的人被親友帶來見耶穌，耶穌一一替他們按手，治好了他們。又有鬼從好些人身上出來，喊叫：『你是上帝的兒子！』耶穌斥責他們，不許他們說話，而他們也知道對方就是基督。」

（路加福音第四章第九八頁）

可見耶穌在世間扮演許多種角色，既能宣傳上帝的福音，呈現一位十足的宗教家，也能替人醫好生理或身體的百病，當然是一位醫術高明的良醫，此外，他更能斥責一群鬼在說話，把病人身上的鬼魂趕走，彷佛巫師一般。這一來，自然吸引了廣大群衆。

不說生在古代，即使活在二十一世紀的今天，若有這些本事也不難得到群衆的擁護，最好的例證，就是台灣宋七力或太極門等超人力的把戲。

當然，耶穌最能吸引世人之處，出在他有多方面的成就，尤其立德和立言有不朽的風範。但在馬太、馬可、路加和約翰等福音篇，出現很多耶穌治病的奇蹟，且在言詞間很強調耶穌的神格化，致使基督教充滿神話特性。

當然，佛陀也有類似用神通替信徒治病的故事，例如：『大智度論』第八有一段話說——釋尊不僅能醫治身體疾病，對於殘廢者也照樣有辦法。所謂殘廢者，是指前世曾經傷害別人的身體，砍人的頭腳，或傷害人體的其他部份，致使今生承受罪報，而得不到完整的身體。還有人雖然天生很健全，奈因受刑，或遭強盜暗算，甚至其他緣故而變成殘廢；或因寒熱病痛，使全身生了惡傷，變成四肢五體都腐爛的殘廢人。

總之，不論那種殘廢者，釋尊都能讓他們的四肢五體恢復健康，例證如下——

波斯匿王的哥哥有一個兒子叫做犍抵，長得一表人才，勇敢又溫順。不料，國王有一位夫人暗中愛上了他，常常藉故接近他，也趁機表明心態，但都遭到對方拒絕。於是，她老羞成怒，便在波斯匿王面前說些讒言，國王大怒之下，就將他的四肢五體砍碎，丟在墳墓上。夜晚來了一群虎狼和羅剎惡鬼，發現這個意外佳餚，爭先來搶吃。幸好釋尊來了，放出光明照射到墳墓，才把牠們給嚇跑了，而犍抵的身體也恢復如初了。

正信佛教徒不宜僵硬地理解文字表面故事，應該領悟整篇內容的深刻意義，因爲佛陀只是一位前無古人的偉大心理醫生，一針見血指出天下衆生的心病，並能開出最妙的藥方，可以讓世人永遠快樂，但他不是生理醫師，不可能醫治身體疾病，再讀同一篇『大智度論』第八的後段——某日，佛陀在祇園精舍對徒衆說：

「病的種類有四百四十種，但病源只有下面兩種，一是前世的惡業，二是現世的不攝生。前世惡業的種類與程度多得不勝枚舉，至於現世不攝生的情狀也一樣繁雜。」

所謂現世的不攝生，意謂生病有生病的因緣，例如，飲食起居不衛生，致使身體出了毛病，就得去看醫生，打針服藥，依靠現世方法來解救才對。例如，『賢愚經』記載：「某日釋尊身上得了風病，醫生特地在酥裡摻雜三十二種藥品，讓佛每天服下三十二兩。」其實，釋尊所患的風病，就是現在的感冒之類的病，而當時那位醫生就是全印度著名的耆婆，也是佛弟子之一。可見釋尊自己生病也靠服藥，而不靠什麼神通或奇蹟。

『四分律』記載：「一位比丘身上長瘡了，就得調製藥品來擦。佛陀說，使瘡充分化膿，變成癰後，再剖開來，好讓膿流出。患瘡如果發臭，就應洗乾淨。不妨用根湯、莖葉羊菓湯，以及小便清洗。用手洗時，瘡痛可以改用鳥毛洗淨患處。」

這裡所謂瘡，也屬於膿腫，可知釋尊的指導跟現代治療法一樣。耆婆有一次也跟佛陀身邊的阿難治療膿腫，佛經記載詳細。

倘若佛陀處處表現神通、時時刻刻創造奇蹟的話，那麼，時刻不離自己身邊的阿難也不必仰賴耆婆了。

請看『有部毗奈耶破僧事』記載——

「阿難陀的背上長出一塊小瘡，佛吩咐耆婆來治療。耆婆遵照佛的敎誡，準備替阿難陀治療了。

剛巧世尊坐在師子座上，向大家說法，阿難陀也坐在其間聽法，耆婆心想，現在正是替阿難陀治療的時機，因爲他在專心聽法，全神貫注，割破瘡口，他也不覺得痛。

耆婆有了計策，便取出妙藥貼在瘡上。幸好瘡已經化膿，使用小刀剖開，讓膿血流出來，再用妙膏貼上……當耆婆動手術時，阿難陀全神貫注，才沒有知覺。」

顯然，「宣揚敎法」跟「替人治病」是完全兩回事，耶穌似乎靠神通治病吸引不少信徒，但釋尊在這方面幾乎沒有，類似上面的短述十分罕見，充其量是一種善巧方便或另有所指，因爲他把治病跟弘法分開，那是不同性質的作業，這可由其餘的記載證實，治病要依世間法——看醫生、服藥物——來解決啊！

36 展現神通，動機各異

㈠、門徒說：「我們這裡只有五個餅和兩條魚。」

耶穌說：「拿來給我。」於是，他們吩咐群衆坐在草地上，然後拿起五個餅和兩條魚，舉目望天，感謝上帝，然後擗開餅，遞給門徒，門徒又分給群衆。大家都吃，而且都吃飽了。門徒把剩下的碎屑收拾起來，裝滿了十二個籃子。吃的人數、婦女和小孩子以外，約有五千。

（馬太福音第十四章第二五頁）

㈡、門徒回答：「我們有七個餅和幾條小魚。」

耶穌吩咐群衆坐在地上，拿起七個餅和幾條小魚，感謝上帝，擗開、遞給門徒，門徒又分給大家。大家都吃，而且吃飽了。門徒收拾剩餘的碎屑，裝滿了七個籃子。吃飽的，婦女和小孩子以外，有四千人。

（馬太福音第十五章二七頁）

耶穌除了替人治病的奇蹟之外，尚有上述神通，其實，任何宗教都有超世俗的領域，讓廣大信徒們不可思議。佛陀也有神通，但以非常愼重的態度運用。換句話說，除非迫不得已，才當作一種善巧方便。所以，正信佛教徒修行學佛的目的不在神通，而在求智慧，最後證悟成佛，永遠跳出輪迴之苦，才是佛陀說法的目的。

由以下的佛經記載，可知佛陀對於神通的謹慎態度。

『四分律』第五十一——佛陀時代有六個外道思想家，各領一大群徒衆跟釋尊分庭抗禮。例如，富蘭迦葉有九萬名弟子，末伕羅奢羅有八萬名弟子，而尼犍陀若提子有四萬名。

王舍城有一位長者信奉這六位師父。一天，他聽六師宣稱：「瞿曇（佛陀的俗名）比丘自稱證得羅漢果，其實，我們也證得羅漢果了，他自稱有大神通，其實我們也有。他自稱有大智慧，我們也有啊！到底誰比較強呢？我們想找他比賽神通。如果他表現出一，我們就能表現出二，如果他能表現出二，我們就能表現出四……不論他表現多少，我們一定會加倍表現。」

長者聽了就去央求釋尊到家裡供養，外道們很不高興，也帶領一群徒衆來訪。長者擔心地方很狹窄，容納不下這麼多人。

釋尊說：「不要緊，讓他們進來好了。」

長者說：「不但場地狹窄，連飲食我們也只準備一千二百五十人份，實在不夠分配。」

釋尊依然表示：「飲食足足有餘，讓他們進來吧！」

這時，釋尊大顯神通，立刻把狹窄地方變成平坦寬大的場地，釋尊放眼凝視東邊，那裡也安排好無數個高座，連西邊、南邊和北邊也同樣現出無數的高座。以釋尊為首的一千兩百五十名比丘，和幾萬名外道師徒也都一一就座。釋尊又再現神通，讓長者的美食佳餚能夠供應在場的群眾……。

外道諸師沒辦法，便大夥去央求頻婆娑羅王說：

「瞿曇比丘具有的一切：如證羅漢果、大神通、大智慧等，我們也都有了，我們想在大王面前跟他較量神通……。」

國王走訪釋尊坦述此事，並求釋尊答應比賽。但聽釋尊回答說：

「大王，較量神通還不到時候，應該表現的時機到來，我自然會表現。我明天要先離開王舍城，你願跟我去也無妨。」

次晨，釋尊率眾離去，國王也跟著去。外道們宣傳：「瞿曇比丘不敢跟我們較量就逃走了，國王滿載美食不是要供養瞿曇，而是要供養我們，我們必須追上去。」

釋尊、國王和外道等大群人進了優禪城，外道們又走訪國王波羅殊提，央求跟釋尊較量神通，國王轉告釋尊時，只聽釋尊答說：

「大王，較量神通有一定時刻，時機成熟，我自然會表現，我明天要離開這裡，若大王要一道去亦無妨。」

次日，釋尊離開後到了拘睒彌國的瞿師羅。外道們也同樣跟著來，並央求國王優陀延說：「要跟釋尊比較神通……」

總之，釋尊一拖再拖，到了某地又離去，外道們緊跟不捨要較量神通。最後，釋尊到了舍衛國，在波斯匿王央求下，才不得不答應了。這時候，釋尊果然大顯神通……（詳情恕不贅述）。當然，讓廣大群衆都開了眼界，且也心服口服……。

※　　※　　※

依據『大智度論』卷五記載神通有下列幾種：

⑴神足通──隨心所慾，可到任何地方（飛行）。

⑵天眼通──看透世間所有遠近、苦樂、粗細等之作用力。

⑶天耳通──聞悉世間一切音聲之作用力。

⑷他心通──悉知他人心中所想各種善惡等事之作用力。

(5)宿命通——悉知自他過去世等各種生存狀態之作用力。

(6)漏盡通——斷盡煩惱、永不再生於迷界之悟力。

在以上六種神通裡，都以自性為本質，不必靠外力給予，其中五種神通都能靠自己修行禪定到達四禪境界，便能如願得到，不是聖者獨有，凡夫也可以修得到。只有第六種「漏盡通」是聖者才能修到。例如，菩薩只有五種神通，而佛陀獨具六種神通。

※　※　※

還有，『長阿含阿㝹夷經』也記述佛陀在阿㝹夷城時，有一個外道叫做波梨子，也在大庭廣衆前表示要跟佛陀較量神通，希望趁機名利雙收，佛陀聽到訊息後再三推辭，最後忍無可忍才去較量。不料，對方知難不敢來了。結果派另一個名叫遮羅的外道去催促，但波梨子始終不來。於是，遮羅打一則譬喻說，佛陀彷彿萬獸之王——獅子，而波梨子就像一隻野狐狸。因為獅子每天只要出來吼叫三次，想找肉吃，如願吃完後又回到森林裡。一條野狐常跟在獅王後面走，撿起獅子吃剩的餘物吃，吃得津津有味，氣力充沛。

後來，牠想自己太沒出息，何妨仿效獅子持續吼叫三次，想當森林之王，不料，牠吼叫時發出野狐的聲音，結果一無所得，可見野狐的身段比獅子差多了。

由此引申，佛陀的神通非比尋常，外道們望塵莫及。但他不會妄用亂來，或藉此招引徒衆。反之，耶穌不時在徒衆面前展現，志在吸引信徒，兩人的動機和目的不一樣，且佛陀再三警告徒弟不能妄用神通。

例如，『四分律」』五十一記載，一名佛陀弟子叫賓頭盧聖者，某日偕同目連在王舍城，恰逢一位長者以大栴檀樹做缽，用寶物做一個袋子，放進缽裡，到處宣揚，誰有神通，就送他這個缽。

賓頭盧慫恿目連去展現，但遭目連拒絕。不料，賓頭盧忍耐不住，就自己飛到王舍城上空盤旋七次，讓長者見了不禁十分歡喜地說：

「你把這個缽拿下來好嗎？」

賓頭盧果然飛上高樓拿過來遞給長者了。長者接過手裝滿美食佳餚，獻給賓頭盧。之後，他又大顯神通一番……。

釋尊乍聞此事，當面向賓頭盧說：

「你眞在白衣面前展現神通嗎？」

賓頭盧應諾，釋尊馬上說：

「你的行爲不是出家人應該做的，爲了一個無意義的木鉢，竟在俗衆面前大展神通，無異像一個妓女爲了一點點錢，就敢在衆目睽睽下跳舞一樣。」

釋尊說到此，又把賓頭盧呵斥一頓，並且當面打碎了那個梅栴鉢，作爲所有徒衆的警惕。

釋尊趁機制訂一條戒律說：

「以後不許在群衆面前表現神通。」

佛陀除了以身作則，也嚴禁弟子用神通得到利益，或藉此打擊外道。

37 死後復活，不可思議

「耶穌來到城門口，剛好一隊送殯的行列出來。那死者是一個寡婦的獨生子；從城裡有許多人出來，陪著寡婦送殯。主看見了那寡婦，心裡充滿了悲憫，就對她說：「不要哭！」然後上前按著抬架，抬架的人就站住。耶穌說：「年輕人，我吩咐你起來！」那死者就坐起來，並且開始說話。耶穌把他交給他的母親。

（路加福音第七篇第一〇四頁）

新約聖經有馬太、馬可、路加和約翰等四篇福音都說耶穌死後復活，活靈活現，在光天化日下跟徒眾宣傳福音。例如，馬可福音第十六篇有一段描述：

「星期天早晨，耶穌復活後，首先向抹大拉的瑪利亞顯現，她去告訴那些跟從耶穌的人，他們正在悲傷哭泣。他們聽見耶穌復活和瑪利亞已經看見了他的這些報告，大家都不相信。這事以後，耶穌用另一種方式向兩個正往鄉下去的門徒顯現……最後，耶穌向正在吃飯的十一個門徒顯現。……。」

最令人驚異的是，耶穌不但自己被釘死在十字架上能夠復活，而且也能讓別人復活，如上文所說使寡婦的獨生子死而復生，這方面可說跟佛陀南轅北轍，完全相反。佛陀不但自己不能復活，也一樣無法讓最親愛的人復活。包括他自己的父母和愛子在內。毋寧說，佛陀認為生老病死是極自然的現象，世間所有人都有生必有死，也是因緣和合的表現，活的因緣消失，自然就會死亡。這是人類最公平的命運，不論身份、財富、性別、種族……統統都一樣受制於人生的緣起緣滅。

佛陀教示世人對生死不要執著，不要貪愛，該死時要心安去面對和接受，否則，就是苦惱和愚痴，試問世間誰有能耐可以扭轉死亡現象呢？

『舊雜譬喻經』有一則膾炙人口的故事，正是佛陀對這方面最坦白與最理性的開示。大意是：

某年，釋尊住在靈鷲山對徒眾說法。一位老太婆失去一個獨生子。雖然，她兒子的屍體已經埋葬在墳墓裡，但是，她仍然整天以淚洗面，悲傷不已。

「惟一的寶貝兒子先我而去，我自己活著也沒意思，不如跟他一塊兒去！」

她心裡這樣尋思，持續四、五天不思飲食。釋尊遠遠地看到她，便率領五百位修行人趕到墓地來。老太婆看見釋尊，趕緊一心向前作禮。釋尊滿懷慈悲地問她說：

「你在這裡做什麼呢？」

「獨生子棄我而去，所以，我對他的思念不能自抑，總想也跟兒子一塊兒去。」

「寧願自己死去，也要讓兒子活著，你這樣想嗎？」

「正是，佛陀能夠幫忙我嗎？」

老太婆高聲問佛，充滿希望的表情，只聽佛陀答說：

「你給我拿火來，我會運用法力讓你的兒子復活。不過，這個火必須來自未曾有過死人的家庭，否則作法無效。」

老太婆趕緊去找火了，每次逢人便問：

「府上以前有過死人嗎？」

「自從老祖宗以來，那有不曾死過人的呢？」

這是大家的回答。老太婆一連訪問過幾十戶人家，所想要的火始終得不到手。在這種情況下，老太婆才失望地返回釋尊的面前說：

「我出去找火了，惟獨不曾找到沒有死過人的家庭，只好失望回來。」

「原來如此，自從開天闢地以來，世間沒有不死之人。凡已活著的人，都想要活下去，而你卻偏想跟兒子一塊兒死。這不是執迷不悟嗎？你不覺得不對嗎？」

老太婆被釋尊開導之後，才如夢初醒，不去尋死，反而專心學佛了。

北本『大般涅槃經』舉出人死有兩類，一類是命盡死，那是性命終結而死。另一類是外緣死，那是外在因緣而死，例如，耶穌被信徒出賣，被釘死於十字架上。

依佛陀看，死而復活根本不可能，與其執迷不可能的事，不如接受這個殘酷的事實，同時勸人珍惜有生之年，多做善業，才能得到福報，當然，最好能證悟佛道，了生脫死。還有人生在世，不應畏懼死亡，俗話說：死有重於泰山，有輕於鴻毛，生命的本質不在肉體的消失，而在有生之年造了多少善業？利益過多少衆生？如果答案都是衆多，則死又何必悲嘆？何必復活呢？

像耶穌這樣宣傳福音，勸人行善，即使死得很悲慘，也會讓無數人讚嘆，眞正死有重於泰山。他復活後，有一天，「他在群衆注視中被接升天，有一朵雲彩環繞著他，把他們的視線遮住了。」

（使徒行傳第一篇第一八五頁）

依佛教來說，他死後的確有資格升天，但不是這樣升法，而是死後往生天上啊！怎能在大白天升上去呢？實在不可思議。

38 瞋怒要節制，為害不尋常

「我告訴你們，向弟兄動怒要受裁判！罵弟兄為『廢物』的，得上法庭；罵弟兄為『蠢東西』的，也逃不了地獄的火刑……。」（馬太福音第五章第八頁）

瞋怒算是人類的七情六慾之一，亦屬一切有情衆生的本能，故要調御恰當很不簡單。反覆讀到耶穌被徒弟出賣，被拖到法庭受審，亦曾在大庭廣衆前受盡侮辱，誠如馬太福音描述一群士兵剝下他的衣服，給他穿上一件深紅色的袍子，又用荊棘編了一頂華冠給他戴上，拿一根藤條放在他的右手，然後跪在他面前戲弄他，說：「猶太人的王萬歲！」他們又向他吐口水，拿藤條打他的頭。

他們戲弄完了，把他身上的袍子剝下，再給他穿上自己的衣服。然後帶他出去釘十字架……連跟他同釘的兇犯也同樣辱罵他……讀到這裡，我始終沒有發現耶穌怒不可遏，或瞋怒的反應描述，可見耶穌這方面的修養功夫非同小可；被冤枉、被侮辱和被責打也不還口，逆來順受，實在有夠鎮靜、有夠偉大。

瞋怒是一種怨恨的精神作用，依佛陀看，貪慾、瞋怒、愚昧是人的三毒，它會使人的身心煩惱，難得平安。這是修學佛道的最大障害之一，如『大智度論』卷十四說：「瞋恚其咎最深，三毒之中，無重此者；九十八使中，此爲最堅；諸心病中，第一難治。」佛陀說瞋怒的煩惱像火一樣，故叫瞋恚火，它能燒盡一切功德，才用火做譬喻。『增一阿含經』卷十四也說：「諸佛般涅槃，汝竟不遭遇，皆由瞋恚火。」總之，瞋怒對人生的幸福危害很大，一定要設法調御它。現在列舉『大莊嚴論經』兩則故事做見證：

㈠、古印度有一名婆羅門教徒的苦行人在路旁修苦行，如果有旁人在場，他便臥在薔薇上面打滾；倘若無人看見，他就到處休息。有人發現他的作風，忍不住勸他說：

「你躺在薔薇上打滾，會刺傷身體，何不慢慢地靠在上面，比較不會痛。」

苦行人一聽怒不可遏，爲了賣弄，他突然投身到尖銳的刺上，比剛才滾的更厲害了。

有一名佛教徒一直站在旁邊觀看，苦行人發現有人旁觀，滾轉的動作更大了。佛教徒不禁對他說：

「你剛才只用小刺傷身，現在，你用憤怒的大刺傷了身，也傷害了心。剛才的刺很小，傷勢也較淺；而今貪瞋的刺非常深，直到無量身後，仍會傷痛身體，傷痕更不易恢復。你要快些清醒，迅速除掉這種毒刺才對。」

其實，世人往往一不小心就會被憤怒的刺傷到自己，而這種心刺的確不好拔除，除非靠日積月累的認知和修行，才能慢慢調伏它。

㈡、某天，有一位女尼前往賒伽羅國。剛好看到那裡有一個婆羅門教徒正用五種熱氣在烤身。他額上的汗水不停，胸膛、腋下和懷裡也汗流如注，口乾舌燥，幾乎連口水也沒有，四周放置烈火，好像要熔化金屬一樣。這時正是暑夏，這位教徒的身體被烤得像餅乾一樣。因爲這個婆羅門教徒成天衣衫襤褸，又用火烤著身體，所以，當地人都叫他「褸禍炙」。

那位女尼目睹他這個樣子，便對他說：

「你該烤的東西不烤，反而惡作劇地烤那不該烤的東西。」

對方聽了十分激憤地問她說：

「尼禿，到底什麼才是應該烤的東西？」

女尼立刻機智地抓住他的心理，正色指示他說：

「該烤的，是你那顆瞋怒的心。如能烤炙自己那顆心，才叫眞炙。例如，老牛拉車，車子不動，就該鞭策老牛，痛打車子沒有用。人身如車，心如牛，所以，你要努力去鞭策那顆心，或者烘烤自己的心，而千萬不能折磨身體。」

人若碰到困難或稍不如意，不要大發雷霆，或勃然大怒，這樣不能解決問題，反而會增加困擾。最聰明的辦法，莫過先調伏那顆瞋怒心和焦灼心，等到心平氣和再作計較，最後什麼都迎刃而解，否則愈怒愈錯，結果難逃不幸。例如，『雜阿含經』有一則佛陀的說話可以作證。大意是：

某年，釋尊在舍衛國祇園精舍弘法。有一隻小鳥叫做羅婆，不幸被老鷹抓到，正在空中飛行。牠在老鷹手爪上，一直哭著向老鷹說：

「我離開父母身邊，只想去別處遊玩，才會這樣倒楣。現在我也沒有辦法了。」

老鷹邊飛邊對羅婆說話：

「你家在哪兒？」

「田埂上是我家，只要到那裡，任誰也奈何不了我。」

老鷹一聽，忍不住說：

「好，我就放你回家去。」

羅婆脫離了鷹爪，回到風之塔裡去。牠立刻躲藏到田埂下，片刻後又現身在田埂上的一座硬土塊上，態度一變，改用咄咄逼人的語氣向老鷹挑戰說：

「來呀！你敢？」

老鷹一見，心頭火起，展開翅膀，磨亮雙爪，聚集全身之力，看準小鳥撲過去。小鳥迅速往硬土塊下躲藏了。瞋怒的老鷹撞擊那座堅硬的土塊，當場死亡了。

再看佛陀這方面的修持有多到家，若是凡夫俗子乍逢此事，非當場大發脾氣不可。例如，『生經』有一則說話——

某日，釋尊接受波斯匿王的供養，率眾到宮庭去。一個名叫暴志的比丘尼，突然當眾捉住釋尊的衣袖，說道：

「佛陀，你好殘忍，讓我肚裡懷你的骨肉，而你卻不理我，不給我衣食，也受這麼多苦。」

這名比丘尼大腹便便，好像快將臨盆的樣子。在場的聽眾驚訝得說不出話來，都不由得把目光投射到釋尊面上，看佛怎樣反應：心想釋尊這樣尊貴怎麼做出這種事呢？何況她又是佛陀門下的女弟子，若非眞有其事，她怎敢這樣羞辱師尊呢？

這時，釋尊不動聲色安坐於法座上，不把這個當一回事。幸好帝釋天深知這個女尼的惡計，便化做一隻小老鼠，爬進她的肚子裡咬斷了繩子，突然掉下一個大木盆，頓時使她的大腹消失了。

群衆始知她的奸計，異口同聲指責她不對。國王更在憤怒之餘，下令要將她拖出去活埋。反而立刻被釋尊阻止住，又詳細說出彼此在過去世有過一段憎怨……。

請讀『大藏經』卷十四有一段佛陀的話說——

其次，帝釋天來拜訪佛陀，作偈問道：

殺掉什麼才能安穩呢？殺掉什麼才不後悔呢？
什麼才是毒的根本，會呑滅所有的善事呢？
殺掉什麼才值得讚嘆呢？殺掉什麼才不會擔心呢？

佛陀也作偈答說：

殺掉瞋心才能安穩。殺掉瞋心才不會後悔。
瞋心才是毒的根本，因爲它會呑滅所有的善。
殺掉瞋心才能得到諸佛的讚嘆，只要殺掉才不會擔心。

總之，這兩位偉大的宗教家在世間遇到數不盡的打擊之際，仍能不怒不怨，讓世人由衷地敬佩。

39 上天堂條件，兩者不相同

「我告訴你們，你們一定要比經學教師和法利賽人更忠實地實行上帝的旨意才能夠進天國。」

（馬太福音第八頁）

依耶穌看，要上天國的惟一條件是相信上帝，或實行上帝的旨意，這跟佛陀所說完全不同。

當然，佛陀也主張天道，那是六道——地獄、餓鬼、畜生、修羅、人間和天——之一，住在慾界（性慾、食慾較強烈者所居之世界），色界（已離慾望，無男女之別，且無言語之世界）、無色界（無各種形狀，由受、想、行、識等四蘊所成之世界）等諸天之天人，總稱為天上，那是天或神的世界。如果要去那裡，只有生前行善，死後依據自己的善業果報才能去。否則，佛菩薩也幫不上忙，而絕對不是由誰來決定的。換句話說，能否上天國或天界的主權完全操在自己手上，而不是放在任何人、神或上帝手上。這由下例可以證明：

(1)一位在家的手居士從淨居天跑來，不料，他的身體十分衰弱，好像一根瘦弱的紫蘇草，在地上站不起來。佛告訴手居士說：「你要改造一下這副瘦弱的身體，如實觀察地面上的情狀。」

手居士果然聽佛說而改正了自己瘦弱的身體，內心如實觀察地上的情狀。之後，他向佛的腳禮拜，並站在一邊。佛向他說：「你到底做過那些事情才能出生到淨居天呢？」

手居士說：「我曾不厭不倦地做過三件事。才能出生淨居天。第一、我曾經不厭倦地瞻仰和供養諸佛。第二，我曾不厭倦地聆聽佛法。第三，我曾不厭倦地送衣食給僧團。當佛駕臨閻浮提時，一群出家在家的男女四衆，經常跟著佛，好像聽法問法一樣，我住在淨居天，也是如此，大家常常跟隨我，聽法問法。」（『大藏經』卷十）

(2)一個須陀洹人出生屠宰業的家庭，當他長大成人時，被迫學習這種家庭事業了。但是，他不想殺生。

一天，父母親給他一把刀和一隻羊，把他關在一間房子裡，吩咐他說：「若你不把羊宰掉，就不讓你出來過正常人的生活。」

兒子尋思：「倘若我殺了這頭羊，當然一輩子就得幹這個行業了，我怎可爲自己犯下一輩子的殺生大罪呢？」

一想到此，他毅然舉刀自殺了。父母親開門一瞧，羊站在一邊，兒子已經斷氣，殊不知他自殺後，馬上投生到天上去了。（『大藏經』卷十三）

⑶『十誦律』第三十四說：

雪山上有沙雞、象和猴子等三種動物住在一塊兒，彼此都妄自尊大，誰也不敬愛誰，不過，牠們偶爾也會想：

「我們爲何不肯尊敬對方呢？只要我們當中有年長者，就應該尊敬牠，且聽牠的指導，但不知誰的年歲最大呢？」

一天，沙雞偕同猴子拜訪象，問牠說：

「你到底出生多久啦？這裡有一棵大蓽發樹，你跟它誰比較老呢？」

「記得我少年時期，此樹只在我的腹下，以此來推論，我應該排行老大。」

象邊說邊蹺動鼻子，得意洋洋。接著，象和沙雞反問猴子的年歲了。

「記得我年幼時，我不時蹲著，扯著這棵樹梢在玩耍。」

「既然這樣，你的年歲比我大，以後我應該尊敬你，希望你多多指教。」象向猴子彎腰作禮了。

之後，猴子問沙雞說：「那麼，你的年齡呢？」

「記得我年幼曾在這兒拉屎，從屎堆長出大華發樹的嫩芽，不料今天竟長得像青天那樣高了。」

猴子聽了立刻表示：

「既然這樣，你的年歲比我大多了，我理應敬你爲長輩。」

這下子大家的年歲都淸楚了。象尊敬輩份比自己高的猴子，除了聆聽牠的教誨，自己也竭力在其他象群間宣揚。同樣地，猴子也敬重沙雞做長者，且很聽牠的話，同時賣力地向猴群宣傳。當然，沙雞也不忘向同類說明象與猴子的長處。回首前塵，牠們三獸誰也不服誰，目無長上，而今紛紛放棄傲慢與自大，反而互敬對方作長輩，結果塑造了良風美俗。

以前，牠們都幹殺生、竊盜、邪淫、妄語等行爲，一旦有了敬老尊賢的習性後，便收斂了所有惡習，也開始懺悔昔日諸惡業，決心斷絕所有邪念與惡意。

經過冷靜反省和自覺，牠們同心協力向其他飛禽走獸宣揚敬老尊賢，與持戒守法的觀念，呼籲大家不要口說不做。結果，牠們由於實踐這些善行，死後才得以出生天上界。

依學佛的人看來，若某人一輩子做惡多端，臨死才要相信上帝，不知他也能上天國嗎?若能，那他做那麼多壞事怎麼辦?還有被他害死的人有冤可伸嗎?那不是倒楣透頂，死不瞑目?果眞如此，上帝太不公平了。

反之，有人終身樂施好善，可惜不信上帝，也未曾聽過上帝的旨意，難道也不能上天國嗎?果眞如此，也是有欠公平，上帝的私心太重哩!

40　以德報怨，真正偉大

「我要告訴你們，不要向欺負你們的人報復。有人打你的右臉，連左臉也讓他打吧！有人拉你上法庭，要你的內衣，連外衣也給他吧！」

（馬太福音第八—九頁）

「我要告訴你們，要愛你們的仇敵，並且爲迫害你們的人禱告。……天父使太陽照好人，也同樣照壞人，降雨給行善的，也給作惡的。……。」

（馬太福音第九頁）

一切有情眾生裡，恐怕只有人類才有這種德行，而普天之下所有族裔或人種裡，也恐怕只有偉大的人物如耶穌、佛陀、孔子……等聖賢才具有上述的風範，而那是諸般德行裡最值得讚嘆與肯定的。

動物都有自衛的本能，碰到外物的侵擾而危害到生命安全，或精神受到折磨而忍無可忍的情況，都會本能地反抗，也就是以牙還牙，或以毒攻毒，而很難不予報復，未消除心頭的怨恨，遑論還要愛顧自己的仇敵呢？

孔子的「以直報怨」和佛陀的「以德報怨」等，儘管內涵稍微有些差別，但基本精神卻完全一樣，就是放棄報復心以外，還要忘記仇恨，繼而用愛護自我的心來愛護仇敵。乍聽下簡直不可理喻，沒錯，這不是一般凡夫做得到，既有先賢的風範在前，那肯定是值得學習的。表面上彷彿自己太吃虧，太委屈，若領悟因緣法，便自然有這種胸襟與智慧了。誠如佛陀說：

「他人罵我、打我、擊敗我、掠奪我；如果對他懷怨恨，怨恨便不能熄滅。」

「他人罵我、打我、擊敗我、掠奪我；如果對他不懷怨恨，怨恨自然會熄滅。」

「在這世界上，決不能以怨恨止熄怨恨，惟獨無怨恨才可以止熄，這是永恆不變的眞理。」

以上都摘自『法句經』三、四、五則，雖然沒有明白開示「以德報怨」，但也暗示了它的根據與重要。如果明白出世間法，便知怨怨相報，三世因果，永無休止；若能以德報怨，除了能止熄怨恨，還能種下善因，以後反而得到善報，而這才是轉悲爲喜，化解怨恨，再生感激的最好方法。

『佛說申日經』有一則說話可以佐證，大意是——

某年，釋尊住在王舍城靈鳥頂山，有一對外道師徒叫不蘭伽葉和申日，想盡方法要陷害佛陀。一天，他們先在自家門前挖掘一個五丈深的洞穴，裡面放火，上面鋪著薄土，同時準備含毒食物，要招待佛及佛弟子來供養。但是，申日有個兒子叫月光童子竭力阻止，勸諫父親說：

「佛是有一切智慧的聖人，能知過去未來，凡事都知一清二楚，這種預謀更難逃法眼，如果不快改過，一定會受到惡報。」

無奈，申日不聽勸告，依照原定計劃去迎請佛陀光臨。但當佛率領徒眾到達申日的家前，一進房門，踏上火坑時，火坑竟然不可思議變成浴池，七寶莖上開出千葉花瓣，如同車輪大小的蓮花，跟著佛的步伐開著，凡被菩薩和羅漢踏過的花，也都開出五百片葉子。

申日看到這種變化，大驚失色，慌忙跪下向佛禮拜。佛進入家裡，眾菩薩和眾羅漢也各就各位。申日稟告佛說：

「真對不起，備妥的飯菜全部有毒，讓我再換乾淨的飯菜來好好招待，表現我的誠意。」

佛卻回說：

「不必了，只要把放毒的飯菜擺出來，我們會照吃下去。」

申日戰戰兢兢端出有毒飯菜來，只看佛口中念念有詞，剎那間便讓那些毒飯毒菜變成色香味美的食物了，芳香撲鼻，大家吃得很歡喜，身體也很安康。

佛吃完後，申日不禁問說：

「佛神通自在，深知過去未來，洞悉世間萬物，諒必早已明白我的詭計吧？」

佛答說：「我當然早知你的陰謀，不過，我要用這個機緣來教化你，這即是佛的智慧與慈悲。」

申日馬上起身禮拜說：

「我現在好像睜開了眼睛，知道佛用一切方法救度眾生，我本來要陷害佛，而佛並不介意，反而當做救度我的手段，我不會因此犯罪，還能得救，始知佛的智慧與慈悲太浩瀚了。」

佛又向大眾說話：

「即使有人叛變佛，甚至想陷害佛，結果也都被救了，何況信佛與學佛的人，更會得救的。」

可見想害佛的人，只要改邪歸正，也能得佛救度，而這就是「以德報怨」的實證。

還有『雜譬喻經』一則記載也是類似的證明，大意是——

某地有兄弟兩人，他們的父親臨終前，再三交待哥哥說，弟弟年幼無知，今後要好好愛護，不要讓他受飢寒之苦，哥哥含淚答應了。不料，父親死後，哥哥的妻子常常在丈夫面前說弟弟的不是，尤其怕弟弟將來多分遺產……。起初哥哥充耳不聞，無奈，妻子不斷嘮叨，不久也受了影響。

一天，他帶著幼弟到人跡罕到的深山，將他綁在一棵樹下，因爲不忍心親手殺他，便想讓他去餵虎狼，只聽他對弟弟說：

「你平時不聽話，我現在要罰你在這裡過一夜；你得忍耐，天亮時我再來接你回去。」

哥哥說完後自行離去。不久，夜幕低垂，到處傳來角鷹、鳶鳥、狐狸和狸的叫聲，弟弟很害怕，但也沒人來相救。這時不禁仰天哀嘆哥哥太無情，不知到底爲什麼？佛感應到他的哀求，便放出「除冥」的光明，照亮森林，之後又放「解縛」的光明，讓弟弟鬆了繩索，連身上的痛楚也消失了。接著，佛大放「飽滿一切」的光明，使弟弟免於飢餓。

這一來，佛使他恢復了希望，只聽他稟告佛說：

「我想成佛救度世人，就像佛陀今天救我的樣子。」

此後，這個孩子起了勇猛的求道心，而佛也慈悲為他說法，終於證得無上的覺悟。一天，他稟告佛說：

「我哥哥的心術很壞，竟敢不聽父親的遺訓，想要害死我，結果反而讓我因這個緣而見到佛，進一步了斷生死苦惱。所以，我想回去感恩哥哥和嫂嫂。」

佛聽了很感動，便用神通送他回去。哥嫂一看弟弟回來，羞愧難當，不敢抬頭，只聽弟弟說：

「雖然你們一心要害我，想把我丟在森林裡死去，結果反而成就了我現在的修行，所以，你們是我的大恩人。」

之後弟弟為哥嫂說法，藉機救度他們了。

俗話說：「人非聖賢，孰能無過？」或者說，「人非草木，誰能無情？」在錯縱複雜的人際關係裡，彼此為貪慾，瞋怒、愚痴、傲慢、猜忌和邪念而很容易結上怨恨，以至針鋒相對，怨冤相報，永無休止。而根絕仇恨，轉化敵人為友誼的惟一方法，正是上述兩位宗教家的真知灼見，即是怨親平等，不存分別心。

這方面也有『法華經』的佛說譬喻爲證，佛陀的慈悲好像上天下大雨，對待下天萬物一視同仁，同樣地慈祥和關懷，不論聰明、愚笨、富裕、貧困、種族、膚色、親友、仇人……都能得到沐浴。

這則譬喻說——只見天邊有一撮烏雲，但很快掩蓋天空，遠處傳來隆隆的雷聲，充滿濕氣的雨雲，重得好像就要掉下來，頃刻間，大雨傾盆而下，地面濕透，沒有了灰塵，只見人們、樹木、田野、山峰，到處生氣洋溢，呈現新生的色彩。深山、河畔和幽谷的各種雜草、藥草、大小樹木、各類樹苗、甘蔗、稻子和葡萄果類，全部受到雨水的滋潤。雨水因應大地萬物各自的需要量，不分大小，分別讓它們得到適度發育與成長，眞是皆大歡喜，統統受益。

這不就是最圓滿和究竟的平等心嗎？

41　饒恕美德，真夠感人

㈠、彼得問耶穌：「主啊，我的弟兄得罪我，我該饒恕他幾次呢？七次夠嗎？」

耶穌說：「不是七次，而是七十個七次……。」

（馬太福音十八章第三二頁）

㈡、耶穌說：「不要評斷人……不要定人的罪……要饒恕人，上帝就饒恕你。」

（路加福音六章第一〇三頁）

㈢、「如果你的弟兄犯罪，勸戒他；要是他悔改、饒恕他。如果他在一天裡得罪了你七次，每一次都回頭對你說：『我悔改了。』你都得饒恕他。」

（路加福音第七章第一二七頁）

基督徒耳熟能詳耶穌十二個門徒中，有一個加略人猶大，為了貪那三十塊銀幣而出賣了耶穌。之後，讓耶穌被捕、被關在監獄，受盡苦楚與侮辱，最後被釘死在十字架上。不久，他雖然復活又繼續宣傳福音，但是，他始終沒有向所有侮辱和陷害他的人報復，或雪恨，而這就是他那偉大的饒恕精神……。

同樣地，所有佛教徒也耳熟能詳佛陀的衆多門徒裡，有一個既是他堂弟，又是他弟子的提婆達多，因爲不自量力，領袖慾特強，不能如願取代佛陀的領導地位，便在羞怒下三番兩次陷害佛陀，每次都差一點兒傷害到佛的生命，但佛始終沒有報復他，反而饒恕了他，最後也是他自食惡果，才墮入地獄。關於這些陷害經過，不妨簡述於下：

『四分律』第四記載：

在阿闍世王邀請下，提婆達多跑來挑士兵。

他先命令兩個人：「你們去殺佛，殺完後從這條路回來。」

接著，他又命令四個士兵：「你們若看見有兩人從這條路回來，就殺掉他們。之後，你們改從那條路回來。」

這樣一直增加到八個人，十六個人，三十二個人，最後才下令六十四個人去殺死先前的三十二個人。

他這樣安排的目的，想讓人看不出誰在陷害釋尊。

誰知，這項計劃在緊要關頭作廢了。那時正逢釋尊踏出靈鷲山的石洞來散步。

再說那兩個士兵聽從提婆達多的秘令，手持刀杖去找釋尊，心裡尋思：「我們要去害佛了。」（省略）……他們遠遠瞧見釋尊的容貌，好像諸根牢固的龍象，心境清澄如水。兩人陶醉在隨喜的念頭裡，把刀杖丟在一邊，走到釋尊面前叩頭禮拜，之後站在一邊。

釋尊向他們解說各種法義，讓兩人調伏煩惱後，睜開了法眼，才皈依釋尊。之後，釋尊開示他們說：「你們若要回去，可不能走原路，要改從另一條路回去。」

結果，提婆達多的計謀成了泡影，他們回去報告說：「世尊的神威浩瀚，我們始終害不到他呀！」

於是，他親自去靈鷲山，撿起一塊大石頭向釋尊丟去。說時遲，那時快，石頭擊中釋尊身邊的岩石，彈出的碎片傷了釋尊的腳趾，血流滿地……。

諸位比丘聽說提婆達多的惡行，十分生氣，紛紛手持杖棍和石頭，圍繞在石窟旁邊叫喊，「我們要保護世尊」。

但是，釋尊勸阻他們說：「你們都回原地去修道吧！諸佛的常法不必護持……即使他來陷害，也不會取走如來的性命。」

之後，釋尊的傷口未癒，特地叫耆婆來醫治。

『五分律』第三記載——

提婆達多看到釋尊沒被石頭擊死，又開始動用邪智，想借用阿闍世王的力量。原來，阿闍世王飼養一隻大兇象叫做那拉基利。牠生性狂暴，曾在幾次戰爭中殺死過不少敵人。提婆達多借用牠來殺釋尊。他私下拜託馴象師說：

「明天世尊會在這條路走過去，你要先令那隻象喝醉酒，放牠狂奔。世尊會不注意牠，閃躲不及。如能把世尊殺死，我自有重賞。」

次晨，釋尊手持鐵缽，率領徒衆要進城。馴象師果然聽命放出兇象了。一群徒衆看了跑來稟告釋尊，勸他改從別條路走吧！五百弟子和阿難也同樣忠告釋尊。

但聽釋尊三次回答都一樣說：「何苦這樣呢？兇象不會害我的。」

據說徒衆都紛紛逃走，改從別條路進城，只有留下阿難一人跟著釋尊。

醉象遠遠瞧見釋尊，忽然奮耳鳴鼻，大步衝去。阿難怕得不禁躲在釋尊的腋下。釋尊斥喝一陣阿難，之後進入慈心三昧裡。

釋尊用慈悲心撫摸了醉象，說：

「你不能殺佛，否則會墜入惡道，因爲佛出世不易哩！」

醉象聽了，用鼻子撲地，抱著釋尊的腳，剎那間上下三次，抬頭望著佛陀，之後慢慢離去。

可知釋尊以慈悲心的力量調伏了惡象，打破牠的惡心，從此以後成爲一條善象了。佛陀的慈愛普及一切衆生，不論對方存有什麼怨念、殺害心也都能被感化的。

不料，提婆達多的陰謀失敗後，又動用其他鬼計。

依據『增一阿含經』卷四十七說：

提婆達多預先在十隻手指甲內暗藏毒藥，吩咐弟子說：「走，我們同去找那個沙門。」

當他伸出毒爪要抓住釋尊的剎那間，藥物突然毒性發作，十指全毀，巨毒迅速滲入自己的體內，叫苦不迭。

由此看來，提婆達多屢次陷害釋尊不能如願，最後自食惡報了。但是，依據『法華經』提婆達多品上記：「釋尊大慈大悲派目連到地獄去查訪叫苦連天的提婆達多，給予天王如來的授記。」

佛陀的寬恕與慈悲可見一斑了。

佛陀強調三世因果，但基督徒只知耶穌被自己的門徒出賣，而對方純粹因爲貪

圖三十塊銀幣，如此單純的因果關係，但依照佛陀的三世因果來解說，便可以說得更周延、更究竟，例如，耶穌與出賣者猶大，早在前世便結下怨仇了，所以今生今世才怨怨相報，糾纏不清。例如，佛陀與提婆達多之間的恩怨，不僅出自提婆達多今世的領袖慾和貪婪心特別強，才會陷害釋尊，而且前世有過多次的怨恨。這可由下列佛經故事作見證──出自『雜寶藏經』卷第三：

㈠、某年，釋尊在舍衛國祇園精舍對徒衆說法。

一群水鳥棲息在一個大荷花池裡。一天，一隻不懷好意的鸛，對那群水鳥懷著某種野心，故作友好地走下池塘。牠的步伐平穩、啼聲柔和，舉止優雅，獲得那群水鳥充分的好感。不久，這隻新來的伙伴，很快在荷花池的水鳥群中得到很好的人緣。不料，一隻白鵝遇人就低聲吟唱：

「抬腳走路很穩定，擅用柔軟的聲音欺瞞世間，

任誰也不會注意到牠的陰謀鬼計。」

滿肚子歪主意的鸛鳥，無緣無故走向白鵝，表現友好。誰知白鵝對牠說：「我早知你的鬼計，你少來這一套。」

說完後不理會牠。

這隻白鵝是現在的釋尊，鸛鳥是提婆達多。

㈡、某年，釋尊住在舍衛國祇園精舍對衆說法。

在婆羅㮈國境內，梵摩達王三申五令，不許百姓打獵殺生。但是，飛禽走獸被人殺害的慘狀，仍然屢見不鮮。原因是，一個獵人穿上仙人的衣服去打獵。可惜，誰也沒有注意到他。當時，一隻吉利鳥在國內警告居民說：

「那個穿仙衣的獵人是個大壞蛋，他屢犯殺生的法令。」

不久，吉利鳥的警告才逐漸喚起國王和百姓的注意，接著識破他的犯法行爲。故事裡那隻吉利鳥是現在的釋尊，獵人是提婆達多。

俗話說冤家宜解不宜結，以暴制暴或以牙還牙，都不是解決仇怨的最好方法，只有用高尚的饒恕才能根本解決。可知耶穌與佛陀的見解一樣，正是「英雄所見略同」的證據。

42　信心對象，不盡相同

㈠、這時候，船離岸已經遠了，遇著逆風，在波浪上顛簸。天快亮的時候，耶穌在湖面上走，非常驚駭說：「是鬼！」他們都害怕得叫起來。

耶穌對他們說：「放心，是我，不要怕！」

彼得說：「主啊！如果是你，叫我在水上走，到你那裡去！」

耶穌說：「來！」彼得就從船上下去，在水上朝著耶穌走過去。但是，他一看到風勢猛烈，心裡害怕，開始往下沈，我喊著：「主啊！救我！」

耶穌立刻伸手拉住他，說：「你的信心太小了，爲什麼疑惑呢？」

他們上了船，風就停了。船上門徒都向他下拜，說：「你眞是上帝的兒子。」

（馬太福音第十四篇第二五頁）

㈡、那時候天已經黑了，耶穌還沒有來到他們那裡。忽然，狂風大作，浪濤翻騰。門徒搖櫓約走了五、六公里，看見在水上朝著船走過來，就很害怕。耶穌對他們說：「是我，不要怕！」他們這才接他上船，船立刻到達目的地。

（約翰福音第六篇第一五四頁）

乍讀下，這是兩篇標準的神話，現實上不可能行得通，但是，耶穌都要藉此吸引信徒，凸顯自己的能耐，間接要求信徒相信上帝有非凡的能力。只要相信，便能排除障礙，無往不利。

無獨有偶的是，佛經也有兩則記載跟耶穌的作法很雷同。一則出自『法句譬喻經』，二則出自『舊雜譬喻經』。請讀兩則內容如下：

㈠、舍衛國的東南方，橫著一條既深且寬的河流，岸上居住五百多戶人家。這裡既無佛法，也無感化居民的教理。百姓的舉止粗暴，只知你欺我詐，生活信條也是恣情縱慾，胡作非爲。

釋尊很同情他們，總想找機會來教化。一天，機緣成熟，釋尊馬上動身了。

釋尊去那裡找一棵樹下打坐，村民們目睹佛身生輝燦爛，好生奇怪。心想：他是何方神聖？於是大家都走前來瞻仰了。

須臾間，有人自動合掌問訊，跪著問尊者究竟來自何方？到此何幹呢？釋尊先叫大家安靜，之後說：「你們坐下來，好好聽我說。」接著，釋尊很誠懇地開示教理，無奈，沒有人肯信，任性貪婪的居民始終聽不進去。

這時，釋尊爲了開導他們，便運用神通，化身一個從江南渡河過來的壯漢。只見他渡河時，就在水面上行走，只用腳趾浸到水。他慢條斯理地在水面走著，恭恭敬敬來到佛前下跪了。村民們看見無不吃驚地走來問他，說：

「我們世代都住在這條河岸，不但不曾看過有人會在水面行走，也不曾聽過這回事，你到底用什麼方法不讓身子下沈，且安然行走呢？」

「我原是一個江南的居民，而今聽說佛陀來這裡說法，才專程來禮拜。不巧得很，沒有船過河，正在苦惱時，南岸的人說：『河水淺得很哩！』我相信不疑，就這樣走過來了。其實，我那裡懂得什麼法術？」

這個漢子說話語氣很堅定，信心不可動搖。佛聽後也非常讚賞：

「這是一種善行，只要信心堅定，不疑有他，生死的深淵也同樣能輕易地渡過。何況只有幾公里的河流呢？完全來自『信心』而已。」

然後，佛陀又作偈來開導居民們：

「信心所至，就能橫渡深淵，信心就像船隻一樣。

如肯修行，便無煩惱，若有智慧，就能到達彼岸。

凡是有信心的人，必能得到聖人的稱讚。

凡想要覺悟的人，必能免除所有的羈絆。

有了信心就能證道：若能奉法，就能開悟。

多聽多問，能得明確的知識，若兼備信心與戒法而開悟的人，才能安然無恙。」

村民們乍聞佛說「信」字，竟有這樣巨大的妙用，便紛紛發心來皈依了。之後，他們更能恪守不殺生、不偷竊、不邪淫、不撒謊和不飲酒等戒，統統成了虔誠的佛教徒。

佛陀爲了引導頑劣和粗野的居民信受佛法，便展現神通走在水面上，純粹將它當作善巧方便，而不在強調行走水面的奇蹟有何價值，因爲那不是目的，也非究竟解脫的本意，會在水面行走的人不一定沒有苦惱呀！

㈢、某年，釋尊仹在王舍城的靈鷲山對徒衆說法。

從前有一位非常愛好德行的國王，某日，正在一座塔前繞行百回，尙未完成時，遠地有敵軍來攻打了。當然，臣子們無不驚慌，立刻前來稟告國王，央求國王馬上停止繞塔，設法應付敵人要緊。不料，國王心平氣和地說：

「縱使敵兵壓境，我也不會中途停止繞塔的修行。」只見國王面不改色，繼續繞塔，敵軍遠遠瞧見國王毫不驚慌的樣子，以為其中有詐，或早已備妥，胸有成竹，結果便自動退走了。

這也是信心堅定，無所畏懼的例證之一。

『華嚴經』卷六賢首菩薩品說：「信為道之功德母。」

『大智度論』卷一說：「佛法大海，信為能入，智為能度。」

『雜阿含經』卷二十六說：「何等為信力？於如來所起信心，深入堅固。」信心是入道第一步，放在「信、進、念、定、慧」等五根之首，為學佛者的信條也。

還有『華嚴經』把「信心」譬喻為手，即使一個人知解佛法，若無信心的話，就像無手的人進入寶山，而無一物可拿一樣。所以，在菩薩五十二階位中，就以十信位為首要。五根或五力中也分別以信根、信力為始。

『仁王般若經』卷上說：「信心為菩薩行之始源。」另外如『大般涅槃經』所論之信心，主旨在信仰佛法僧三寶也。

總之，耶穌與佛陀的「水上行走」工夫，雖在強調「信心」的重要性，但耶穌要信徒相信「上帝」，而佛陀要徒眾相信「自己」，動機完全不同。

43 最高成就，不是獨佔

㈠、耶穌問他們：「那麼，你們說我是誰？」

西門彼得回答：「你是基督，永生上帝的兒子。」

耶穌說：「……因爲這眞理不是人傳授給你的，而是我天上的父親向你啓示的。」

於是，耶穌吩咐門徒千萬不要告訴任何人他就是基督。

（馬太福音第十五章第二八頁）

㈡、耶穌一從水裡上來就看見天開了，聖靈像鴿子降在他身上。從天上有聲音傳下來，說：「你是我親愛的兒子，我喜歡你。」

（馬可福音第一章第五六頁）

上帝是獨一無二，唯我獨尊，永生不滅，住在天上，和全知全能的存在，而他的獨生子耶穌基督是奉命到人間來宣傳眞理。因此，自古至今只有一位上帝，且只有一個兒子耶穌，和一群徒子徒孫，而這種從上而下，永遠不變的父子與師徒關係無法平行。換句話說，耶穌不可能成爲上帝，而耶穌的徒子徒孫也永遠不可能超越師父和祖師，不論他們怎麼努力實踐眞理，或唯命是從，也永遠是天帝天子的徒子徒孫。說眞的，這方面跟佛陀的教導大異其趣，甚至背道而馳。理由是這樣：

佛是指所有覺悟眞理的芸芸衆生，包括過去、現在和將來，只要悟解眞理，便能成佛作祖。所以，佛不只一位，而是有無數位。例如，佛陀證悟以前，便是出生釋迦族的悉達多王子，經過鍥而不捨的修行，最後才成就佛道。

同樣地，世間一切衆生若想成佛都有可能，只要他（她）肯持續修行，便能由凡夫進到聲聞，再到阿羅漢、辟支佛、菩薩，以至成佛。佛陀再三強調：「衆生皆有佛性」，當如是也。關鍵在自己肯不肯修行？和能不能堅持？例如，成佛之前，先要成就菩薩，那麼，怎樣修成菩薩呢？就要實踐「六度」，那叫「六波羅蜜」，內容是：

(1)布施：有財施、法施（教以眞理）、無畏施（除去衆生恐怖、使其安心）三種；能對治慳貪，消除貧窮。

(2)持戒：持守戒律，經常反省，能對治惡業，使人身心清淨。

(3)忍辱：忍耐迫害，能對治瞋恚，使人身心安治。

(4)精進：實踐其他五項德目不屈不撓，能對治懈怠，使人生長善法。

(5)禪定：修習禪定，能對治亂意，使人身心安定。

(6)智慧：能對治愚蠢，開眞實智慧，掌握生命眞諦。

再說每人都能成佛作祖，不只悉達多一人而已。例如，『法華經』卷六記載——大成國有一位常不輕菩薩，不論對出家僧尼，或其他修行人，甚至逢人便虔誠禮拜，衷心讚嘆，說：

「我非常尊敬你們，也絕不會輕視你們，因爲你們都能修成菩薩，具有成佛的本質。」

因爲他對誰都說「不輕視你」，才被大家叫做「常不輕」。他的修行方式與衆不同，不愛誦經持咒，只愛禮拜和稱讚世人。依他看，這是最好的修行……。

雖然，他對待世人一視同仁。可惜，不是所有人對他都有好感；有人反而把他的禮讚當作應酬，或口頭禪。心裡不高興，甚至沈著臉色告訴他：

「簡直活見鬼嘛！怎麼口口聲聲說我們都會成佛，都有佛性呢？你有根據嗎？你從哪兒來呀？你在胡扯嘛！我才不稀罕你的話。」

不論別人怎樣憤怒，或詛咒他，他也不會不高興與失望過。歲月悠悠，他不但不以爲苦，反而有更堅決的信念與慈悲心。

他數十年如一日，反覆向人們說這句話。不料，聽了起反感的人也愈來愈多，甚至有人忍不住拿竹杖打他，用石頭丟他，或用腳踢他。可是，他一點兒也不反抗，不憤怒、不失望、不逃避。他反而更大聲地發出慈悲的聲音，來回應那些暴徒們。只聽他再三強調：

「諸位一定能夠成佛呀！」

「我仍然不會輕視你們，反正你們都會成佛。」

不論何時何地，他的修持與待人態度始終不變。當然，他的誠摯也感動了一些有緣人，叫他爲「常不輕菩薩」。

總之，他面對不同族裔、性別、年齡、地位、貧富的人，都以平等心與慈悲心勸他們自愛自重，將來都會成佛。其實，這也是佛陀說法四十多年的旨趣，再三強調人人都有佛性，而這跟耶穌的現實迥然相異——只有一位上帝，也只有一個天子。

44 布施定義，各有不同

「你施捨的時候，不可大吹大擂，像那些僞善的人在會堂或在街道上所做的，爲要得到別人的誇獎……你們這樣做已經得了所能得到的報答了。因此，你施捨的時候，別讓左手知道右手所做的，應該是一件隱密的事，這樣，那位看得見你在隱密中做事的天父一定會獎賞你。」

（馬太福音第六章第九頁）

耶穌主張爲善不爲人知，也就是俗話所說「積德」，但他不忘安慰施捨者，暗中有天父知道你在施捨，也在獎賞你，所以不必給旁人知曉。換句話說，做善事或行布施還是有天父爲證，不會白做，但有人爲了要讓天父知道才去施捨，動機值得商榷；這樣看來，施捨的目的彷彿在交換，頗不純正，未免美中不足，不夠圓滿。

本來，爲善不讓人知的高尚行爲，堪稱人間最美妙的事，一旦含有某種動機，例如，要得到天父獎賞才做，而不純粹出自善意，無疑在爲自己，可見有「我」的私心存在了。

佛教也非常讚嘆施捨（布施）的功德，且將布施的內涵說得十分透徹與周延；尤其，「無相」布施就不同於耶穌的主張了。毋寧說，無相布施才是最究竟與圓滿的施捨，故有無量功德。

『大般若經』說：「一切修行中，應先行布施。」

布施是苦惱解脫的第一步，菩薩用六波羅蜜敎化衆生——布施、持戒、忍辱、精進、禪定、智慧；而布施排在最前面，攝受衆生有四攝法——布施、愛語、利行與同事，也以布施爲首。

『優婆塞戒經』卷四說：「窮人亦能行布施，例如，乾淨的井水河水，和路旁的野菜藥草，人人都有使用權。」

富貴如皇帝也未必能布施這些，但是再窮的人也能布施乾淨水、藥草和嫩綠的野菜。窮人也要吃飯，不妨把剩菜剩飯施捨給小動物：哪怕幾根菜餚和幾粒米飯也能布施，甚至沖洗碗盤的油水或粥汁、菜湯亦可布施給小昆蟲和小螞蟻。

天下人有誰會窮到三餐不繼呢？只要自己有得吃，就能行布施。窮人有誰沒有衣服穿呢？既然有破衣服穿，也能用一塊小布條給人綁傷口，一小撮棉線也能給人做燈柱，還有每個人都有身體，看見旁人行善修福，也可以隨喜幫忙，例如，掃地、灑水、搬東西或跑腿也算布施修福呀！

『雜寶藏經』卷六說，七種布施不必花錢，故叫「無財七施」。

(1)心施──誠懇、恭敬、謙讓、和樂、感恩、寬恕等。

(2)面施──面孔和藹、常呈微笑。

(3)眼施──不要「狗眼看人低」或「勢利眼」應用慈眼看衆生。

(4)身施──好事要以身作則，壞事不要同流合污。

(5)言施──不妄語，說話婉轉、簡要、讚美別人長處。

(6)座施──讓座位給老弱婦孺。

(7)房施──方便遠客休息、住宿等。

『布施經』說：「窮苦人是因爲前世吝嗇與貪愛，而大富的人是由於前世布施而來。」

布施是最穩當的積蓄，因爲財物每一個時辰，甚至分分秒秒都不斷在生滅變遷。『大寶積經』又說：一切財物都是天災、人禍、盜賊、官府和不肖子孫五者所共有。只有趁它還沒有破損或被奪走以前趕緊送出去，過了時間想布施就無能爲力了。布施無疑將有形的財物，轉換成無形的福德，而它也能留待後世給自己享用。

『解深密經』第七品將布施分成財施，法施和無畏施。

(1)財施是施捨財物，而財物可分「內財」與「外財」兩種。內財指身上的血液、眼睛、骨髓和腎臟等，例如，捐血、眼角膜。外財指身外之物，例如，錢財、汽車、房子、衣服等。

(2)法施除了說佛法給人聽，也包括耶穌的福音宣傳，講授學問，養生方法等。

(3)無畏施是解除別人的緊張、焦慮、恐怖。例如，替人伸冤，幫人脫離險境，鼓勵失望人勇敢活下去，排難解紛……。

『大寶積經』第一百二十卷說：「布施會有福德，布施與福德的因果關係，如影隨形，絲毫不爽。福德是看不到的東西，如同葡萄和甘蔗還沒有壓榨時，看不到流質性的甜汁。雖然從葡萄和甘蔗身上看不見，但甜汁絕對不是從別處來的。福德也如此。雖然福德不存在布施者的手上、心中或身上，但也不離開布施者的身心，彷佛一株榕樹的種子尚未成熟以前，是看不見芽一樣。」

布施不可帶有私愛與偏好，這樣會使布施功德不圓滿，福德就會打了一個大折扣。『中阿含經』第四十七卷說，佛陀的姨媽拿了一件新的黃色金縷衣要布施佛陀，而佛陀請她拿去布施僧衆，因爲無條件而平等的布施功德較大。佛陀說：「你拿這件金縷衣布施衆僧，就等於供養我了。」

『大莊嚴論經』記載，阿育王臨終時被把權的奸臣所控制，不能夠自在。結果只有布施了衆僧半個水果。

有一位阿羅漢的長老知曉後，就將阿育王布施的水果研磨成汁，放在僧衆食用的菜湯中，以增廣他的福報。

『心地觀經』卷一說：「能施，所施及施物，於三世中無所得，我等安住最勝心，供養一切十方佛。」意指施者、受者和施物三者的本質爲空，不存在任何執著，叫做三輪體空、三輪清淨，才是眞正無相布施了。

布施雖然是件好事，但也要布施得有智慧。例如，『雜阿含經』卷四記載：有一個長身長者綁著一群牛羊，準備宰殺來大請客，佛陀告訴他說：「殺生布施不但得不到福報，反而揹了一生罪業。應該供養三種火才能得快樂和福報。第一是根本火——我們由父母所生，所以，父母是我們的根本，應以合法方式賺取錢財來供養父母。第二是居家火——供養妻兒和親屬。第三是福田火——供養出家師父和修道者，他們努力在調伏貪愛、憎恨和愚痴。」

總之，耶穌和佛陀一輩子都在布施身體、眞理和善心給天下衆生，耶穌被釘上十字架，以喚起信徒的良知覺醒，亦屬於身體布施，宣傳福音等於無畏施，至於善心更不在話下。

台灣邊遠山區不乏歐美國家的基督徒去默默行醫一輩子，無悔無怨，正是無相布施的典範，因爲他們年老才返回祖國，而不要求台灣人回報。

反觀台灣佛教徒卻傾向明星式的布施，難免沽名釣譽之意，遠離無相布施遠矣！這樣雖然也有功德和福報，但卻要大打折扣哩！

太極武術教學光碟

太極功夫扇
五十二式太極扇
演示：李德印 等
(2VCD)中國

夕陽美太極功夫扇
五十六式太極扇
演示：李德印 等
(2VCD)中國

陳氏太極拳及其技擊法
演示：馬虹(10VCD)中國
陳氏太極拳勁道釋秘
拆拳講勁
演示：馬虹(8DVD)中國
推手技巧及功力訓練
演示：馬虹(4VCD)中國

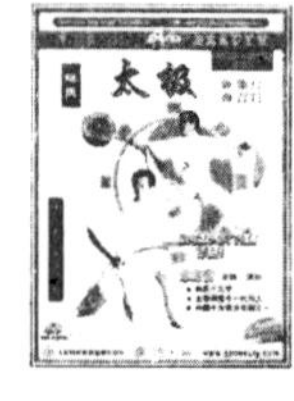

陳氏太極拳新架一路
演示：陳正雷(1DVD)中國
陳氏太極拳新架二路
演示：陳正雷(1DVD)中國
陳氏太極拳老架一路
演示：陳正雷(1DVD)中國
陳氏太極拳老架二路
演示：陳正雷(1DVD)中國
陳氏太極推手
演示：陳正雷(1DVD)中國
陳氏太極單刀・雙刀
演示：陳正雷(1DVD)中國

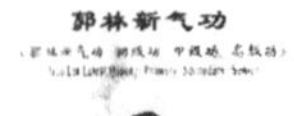

郭林新氣功
(8DVD)中國

本公司還有其他武術光碟
歡迎來電詢問或至網站查詢
電話：02-28236031
網址：www.dah-jaan.com.tw

原版教學光碟

歡迎至本公司購買書籍

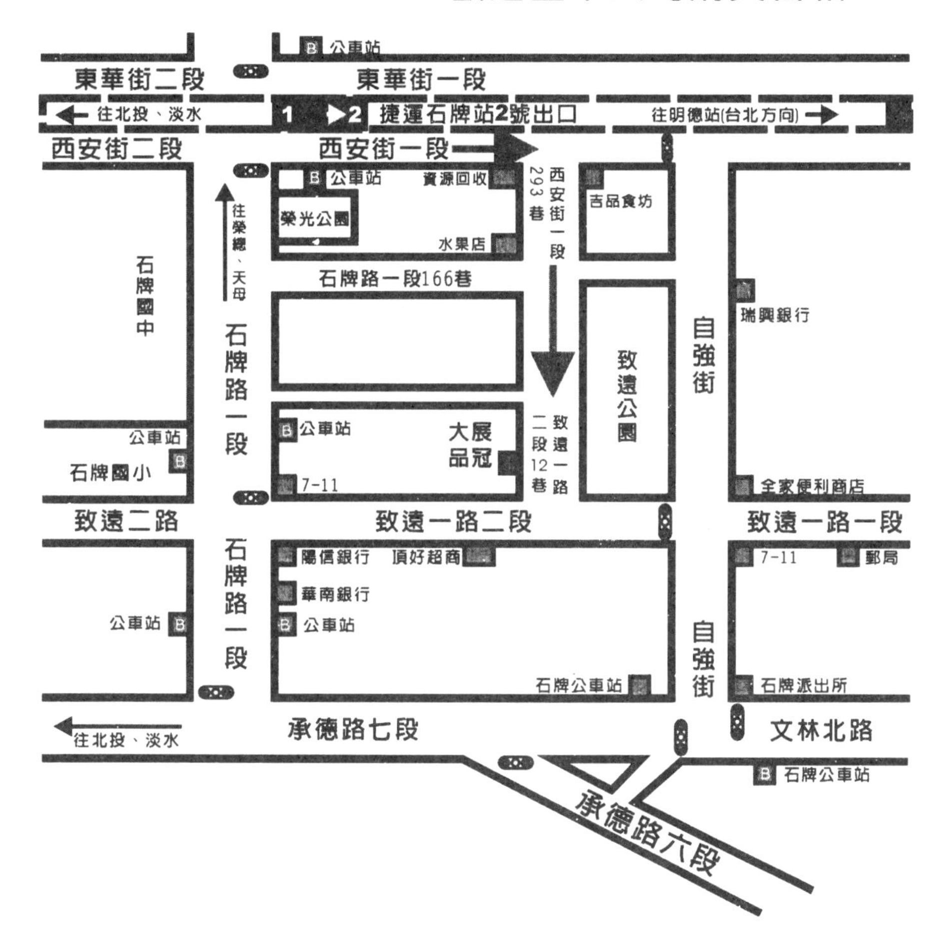

建議路線

1.搭乘捷運・公車

淡水線石牌站下車，由石牌捷運站2號出口出站(出站後靠右邊)，沿著捷運高架往台北方向走(往明德站方向)，其街名為西安街，約走100公尺(勿超過紅綠燈)，由西安街一段293巷進來(巷口有一公車站牌，站名為自強街口)，本公司位於致遠公園對面。搭公車者請於石牌站(石牌派出所)下車，走進自強街，遇致遠路口左轉，右手邊第一條巷子即為本社位置。

2.自行開車或騎車

由承德路接石牌路，看到陽信銀行右轉，此條即為致遠一路二段，在遇到自強街(紅綠燈)前的巷子(致遠公園)左轉，即可看到本公司招牌。

國家圖書館出版品預行編目資料

耶穌與佛陀～聖經VS佛經／劉欣如編著
－初版－臺北市，大展，2000〔民 89.8〕
211 面；21 公分－(心靈雅集；64)
ISBN 978-957-468-016-0（平裝）
1.宗教－比較研究　2.基督教　3.佛教
281.1　　89008719

耶穌與佛陀 ～聖經 VS 佛經

編 著 者／劉 欣 如
發 行 人／蔡 森 明
出 版 者／大展出版社有限公司
社　　址／台北市北投區（石牌）致遠一路 2 段 12 巷 1 號
電　　話／(02) 28236031・28236033・28233123
傳　　真／(02) 28272069
郵政劃撥／01669551
網　　址／www.dah-jaan.com.tw
E-mail／service@dah-jaan.com.tw
登 記 證／局版臺業字第 2171 號
承 印 者／傳興印刷有限公司
裝　　訂／眾友企業公司
排 版 者／弘益電腦排版有限公司
初版1刷／2000 年（民 89 年） 8 月
初版2刷／2016 年（民 105 年） 9 月　　定價／230 元